Clément L'hôte

111 Vins de Bourgogne à ne pas manquer

Avec des photographies de Tobias Fassbinder

111

emons:

MIXTE
Papier issu de sources responsables
FSC® C043106
FSC
www.fsc.org

Crédits couverture : shutterstock.com/New Africa ; grey_and
Crédits photographiques : © Tobias Fassbinder
Mise en page : Editorial Design & Artdirection, Conny Laue, Bochum, d'après un concept de Lübbeke | Naumann | Thoben
Impression et façonnage : Grafisches Centrum Cuno, Calbe

Achevé d'imprimer en 2024
Édition originale
Dépôt légal : août 2024
ISBN : 978-3-7408-1598-1

Question d'équilibre

Imaginez des milliers de jardins s'étirant en une fine bande du nord de Lyon au sud de Paris, chacun exploité par différents propriétaires, et sur lesquels on ne cultiverait que de la vigne. Bienvenue en Bourgogne, vignoble-mosaïque, où l'on voue un culte non pas au cépage, ni aux familles vigneronnes, mais aux terroirs. Terroirs que l'on appelle ici « Climats », dès lors qu'ils ont été identifiés et nommés par l'homme depuis des siècles.

Ici, le vin doit avoir « la gueule de l'endroit », comme le disait l'œnologue Jacques Puisais. Vous l'aurez compris, cette terre bénie de Bacchus produit un nombre de cuvées infini. Certes, les raffinés pinot noir et chardonnay – 90 % de l'encépagement – lui confèrent une certaine unité. Mais ce n'est que pour mieux en révéler la diversité, tant ces variétés caméléons ont été choisies pour exprimer la vérité de leurs terres. Comment rendre compte de cette complexité en 111 flacons seulement ? Comme les vignerons avec leur vin : en cherchant l'équilibre. Équilibre entre les différentes appellations et leurs surfaces respectives. Équilibre entre domaines familiaux, grandes maisons historiques et traditionnelles coopératives. Équilibre, enfin, entre niveaux de gamme, des cuvées les plus abordables à celles que le commun des mortels ne peut convoiter. Car c'est un fait : au pays des ducs, de tout temps réputé pour l'élégance de ses breuvages, on ne peut échapper à la triviale question du prix.

Sous le triple effet d'une demande mondiale exponentielle, de rendements en baisse et d'importants investissements (environnementaux notamment) des producteurs, la Bourgogne a vu ses tarifs flamber ces dernières années. Croire que tous les vignerons s'en félicitent serait se méprendre. La plupart gardent les pieds sur terre, en souvenir du dur labeur de leurs aïeux et en hommage à la tradition d'un vignoble bon vivant, où le vin n'est que prétexte à cette convivialité faite de rencontres, chants et gueuletons. Raffinée, épicurienne : deux visages d'une même Bourgogne qui, je l'espère, vous séduiront à travers ces lignes.

111 Vins

Côte-d'Or

ALI
BOIT
BOIT
CHARMONT
Grand Cru

Gamme de prix :

* = jusqu'à 20 euros | ** = de 20 euros à 50 euros |

*** = de 50 euros à 100 euros | **** = de 100 euros à 400 euros |

***** = plus de 400 euros

Yonne

Au pays de la minéralité

Frais et minéraux : deux adjectifs qu'on accole à presque tous les vins de l'Yonne. Une réputation loin d'être galvaudée. Ici, les blancs (majoritaires) et les rouges (plus anecdotiques) tranchent par leur belle acidité, leur profil aérien, et leur caractère issu des profondeurs du terroir. La situation du département, au septentrion de la Bourgogne, ainsi que la nature très particulière de ses sols – pour la plupart issus de sédiments marins – y sont pour beaucoup. Dans l'Yonne, la tradition bachique est ancienne, les villages viticoles nombreux, apportant chacun un supplément d'âme. Citons pêle-mêle Irancy et Coulanges avec leurs rouges racés, Saint-Bris-le-Vineux et son sauvignon, les fins blancs de Chitry et d'Auxerre, les pinots de caractère d'Épineuil, les généreux chardonnays de Vézelay, l'étonnant pinot beurot de Joigny. Mais ici, la locomotive, le cœur de réacteur, c'est bien sûr Chablis. L'appellation phare du département représente le gros de la production et attire à lui toutes les lumières. C'est normal : aussi étendue que qualitative, possédant une typicité unique au monde, Chablis est plus qu'un cru, c'est une marque internationale. Aux États-Unis, le village est presque devenu un nom commun pour désigner un blanc. Rien de commun, pourtant, dans ce chardonnay à la capacité de garde exceptionnelle, qui distille tension et arômes minéraux envoûtants. Chablis et ses pairs de l'Yonne sont des vins un brin mystérieux, dont seuls les vignerons connaissent tous les secrets. Les pages qui suivent vous en dévoilent quelques-uns.

1 Au pays du vin gris

Pinot Gris, AOC Bourgogne

C'est le point le plus septentrional de la Bourgogne viticole, plus proche de Paris que de Beaune. Le Jovinien (du nom de sa capitale, Joigny) fait même partie des vignobles historiques de la région, très développée au Moyen Âge grâce à la qualité de ses breuvages autant qu'à sa proximité avec les axes commerciaux. Mais la concurrence induite par le chemin de fer et le désastre du phylloxéra la firent tomber dans l'oubli. « Nous sommes même absents de certaines cartes viticoles », ironise Yann Boissenet.

Ce vigneron de Montholon, ingénieur agronome, s'est installé en 2008 sur ces coteaux aussi pentus qu'inconnus. « Je suis du milieu agricole, mais pas viticole. J'avais seulement quelques parcelles en appellation Bourgogne. Mais en tant qu'amateur de vin, j'ai eu envie de tenter l'aventure », confie celui qui conjugue l'exploitation de 80 hectares de grandes cultures familiales et celle de ses 3 hectares de vigne. Une petite surface qu'il a en grande partie plantée. On y trouve une bonne proportion de cépages rares, comme le césar, et surtout du pinot gris, dit aussi pinot beurot. Ce dernier, issu d'une mutation du pinot noir, est probablement né en Bourgogne, mais est plus célèbre en Alsace. « C'est la première variété que j'ai plantée. Elle est typique de Joigny, et produit des cuvées très différentes des standards bourguignons. On la reconnaît parmi toutes les autres. »

En effet, cette grappe gris-rose donne un vin aux reflets saumonés, nommé vin gris. Ne le confondez surtout pas avec un rosé : si la couleur peut ressembler, le vin gris possède un fruité plus franc, plus expressif que la star de Provence. Celui de Yann Boissenet tient toutes ses promesses : aussi sapide que gourmand, il exprime d'intenses arômes de petits fruits rouges et de cassis, qui se révèlent avec éclat. « Les gens aiment ça, en particulier à l'apéritif, mais il peut s'accorder avec plein de choses. » Le vin de plaisir par excellence.

Domaine Yann Boissenet | 13 rue des Arcys, 89710 Montholon | 03 86 91 03 30 | yboissenet.vins@yahoo.fr | Catégorie de prix : *

2021
Bourgogne
Appellation Bourgogne Contrôlée
Pinot Gris
Mis en bouteille à la propriété
Yann Boissenet
Propriétaire - Viticulteur à VOLGRÉ (89710)
Tél. 03 86 91 03 30
Produit en conversion vers l'Agriculture Biologique certifié par FR-BIO-01
2021
Bourgogne
Pinot Gris
Yann Boissenet

2 Le chablis rouge ?

Côte de Grisey, AOC Bourgogne Épineuil

En pente raide, la côte de Grisey fait partie des terroirs qui demandent du courage, pour la vigne comme pour le viticulteur. « Je m'y suis déjà fait peur en tracteur », reconnaît Dominique Gruhier, vigneron d'Épineuil qui compte parmi les meilleurs connaisseurs de ce terroir. « Il est exposé sud-est, donc assez chaud. Et le sol est mince, on tombe tout de suite sur la roche kimméridgienne, celle qui fait la typicité de Chablis », la célèbre appellation située à quelques kilomètres. « Tout cela est très compliqué pour les vignes : elles vont chercher l'eau en profondeur. »

Dans le verre, « cela donne une vraie minéralité et une belle structure, tout en restant frais et salivant, pas entêtant ». Une description de blanc, tout compte fait ? « Il y a un peu de ça, mais on a quand même plus d'argile qu'à Chablis. Cela vient arrondir, patiner les tanins, et donner une touche un peu plus grasse. » La côte de Grisey donne naissance à l'un des pinots noirs au caractère le plus tranché de Bourgogne. Chez Dominique Gruhier, son fruit est juteux, sur les baies sauvages comme le cassis et la myrtille, tandis que des notes poivrées et une salinité étonnante pour un rouge apportent droiture et fraîcheur. Ici comme chez d'autres vignerons, le prix reste amical. Bref, une pépite comme l'Yonne sait en produire.

Étonnant que les amateurs de bourgognes ne s'y penchent pas davantage. Car les moines avaient déjà identifié le secteur au Moyen Âge. Dominique Gruhier vinifie d'ailleurs au Petit Quincy, l'une des dépendances viticoles de l'abbaye du même nom, construite à partir du XIIIe siècle. « C'est ce qu'on appelait une grange dans le langage des moines : une annexe agricole. Il y en avait, comme ça, des milliers en Europe ! » Aujourd'hui, le vigneron produit dans ces locaux chargés d'histoire une gamme d'épineuils donc, mais aussi de chablis, ainsi que des crémants. Tous imprégnés du style de la maison, fait d'une bonne dose de gourmandise et d'encore plus de perfectionnisme.

Domaine Dominique Gruhier | Rue du Clos-de-Quincy, 89700 Épineuil |
03 86 55 32 51 | vin@bourgognevin.com | bourgognevin.com | Catégorie de prix : *

2020
CÔTE DE GRISEY
bourgogne
épineuil
DOMINIQUE GRUHIER
- VIGNERON -

3_ Histoire de famille

Hommage, AOC Chablis

« On est très famille », confie Mathieu Savary… et ce n'est pas peu dire ! Avec son frère Maxime, il représente la 9e génération de viticulteurs du domaine. Si ce genre d'héritage peut être vécu comme un fardeau par certains, c'est tout le contraire pour les deux frères. « On ne se voyait pas faire autre chose ! En plus, les tâches se sont réparties naturellement entre nous. Maxime s'occupe de la vigne, moi des aspects commerciaux. Et on se rejoint tous les deux au moment des vinifications. »

Le duo ne fait pas l'économie de quelques désaccords – logique quand on travaille entre proches –, mais de manière générale, le courant passe bien entre ces deux-là. Et même avec leurs parents encore présents en appui. Une entente qui porte ses fruits : la gamme des Savary, qui affiche une qualité constante d'un millésime à l'autre, fait aujourd'hui leur réputation. Le style : épuré, proche du terroir, plutôt hostile aux intrants et aux fûts de chêne. Le chablis classique retranscrit à merveille son terroir et on croirait goûter le caillou mouillé. Le 1er Cru Vaillons séduit par son approche élégante, complétant ses nuances salines par des arômes floraux et épicés. Mais la cuvée la plus personnelle des Savary est sans conteste le chablis Hommage. « Le vin vient d'une parcelle unique que nous avons séparée du reste en 2018, car nous nous sommes aperçus qu'elle avait ses caractéristiques propres. »

En effet, le breuvage tranche avec les autres chablis par son fruité très solaire, aux notes de pêche et d'abricot, et par sa minéralité très élégante : une salinité douce, iodée, qui rappelle l'eau d'une huître et se diffuse en toile de fond. Mathieu et Maxime apprécient ce rendu, mais pas seulement. « Cette parcelle a été plantée par notre grand-père maternel. C'est aussi une manière de lui rendre hommage, d'où le nom de la cuvée. » On l'a dit : chez les Savary, tout est affaire de famille.

Famille Savary | 4 chemin des Hâtes, 89800 Maligny | 03 86 47 42 09 | contact@chablis-savary.com | chablis-savary.com | Catégorie de prix : *

FAMILLE SAVARY
ARTISAN VIGNERON
Chablis
HOMMAGE
2021
APPELLATION CHABLIS CONTROLÉE

4 Cuvée incarnée

Sous le Vent, AOC Petit Chablis

Petit Chablis, appellation trop souvent sous-cotée, est devenue la spécialité de certaines propriétés, comme Courtault Michelet. Le domaine familial a d'ailleurs choisi d'en faire deux cuvées : le Petit Chablis et le Petit Chablis Sous le Vent. Cette dernière fait honneur à son appellation, à un excellent rapport qualité-prix qui plus est. Son profil : tout en tension et pureté. Si des arômes de fruits mûrs confèrent un brin de gourmandise, c'est surtout une minéralité brute qui ressort, avec un nez qui rappelle la coquille d'huître et des notes iodées qui se prolongent longuement en bouche. « On peut le garder quelques années, il gagnera en gras », précise Stéphanie Michelet, représentante de la 2e génération du domaine.

« Sa minéralité intense s'explique par son terroir. Il vient notamment de nos parcelles de Beine, où la vigne pousse sur une roche calcaire très fraîche, et est donc tardive », décrypte celle qui connaît ses parcelles sur le bout des doigts. Un lien étroit qui s'explique par l'histoire de la famille. « Mon père était chef de culture et est parti de zéro quand il a créé le domaine dans les années 80. Avec ses moyens, il n'était pas facile de s'installer en appellation Chablis, alors il a exploité des parcelles plus à l'écart, de petit chablis essentiellement. Il a presque tout planté lui-même. » La passion s'est transmise à Stéphanie et à son mari Vincent. « Nous tenons à cet état d'esprit vigneron indépendant, qui implique de s'identifier au produit. Chez nous, la vigne et la cave nous passionnent, et prennent le dessus sur l'aspect commercial », relate la vigneronne.

En vinification, les Michelet bichonnent leurs cuvées avec des élevages assez longs et peu d'interventions. L'autre grande réussite de la famille est son rouge : un épineuil de caractère, issu de la fameuse côte de Grisey, qui séduit par son fruit croquant, des tanins discrets et, encore une fois, une minéralité intense. Beau terroir ne saurait mentir.

Domaine Courtault Michelet | 1 route de Montfort, 89800 Lignorelles |
03 86 47 50 59 | chablis@courtault-michelet.com | chablis-courtault-michelet.com |
Catégorie de prix : *

COURTAULT MICHELET
2022
PETIT CHABLIS
Sous le Vent
VIN DE BOURGOGNE

5 Tout d'un grand

Pas si petit, AOC Petit Chablis

Pour faire simple, la distinction entre chablis et petit chablis vient d'une différence dans la composition du sol : les célèbres calcaires du kimméridgien et leurs petites huîtres fossilisées reviennent aux chablis, tandis que les calcaires du portlandien – une pierre plus dure et moins réputée – sert de terrain de jeu aux petit chablis. Une répartition qui reste théorique, les études géologiques les plus poussées révélant bien des nuances. Toujours est-il que les petit chablis sont aujourd'hui moins cotés. À juste titre ? Pas toujours.

C'est toute l'idée de ce nom de cuvée : Pas si petit. Ce classique de la coopérative La Chablisienne séduit par son équilibre entre une trame au fruit bien mûr (poire, pêche, agrumes) et une finale tonique, aux notes calcaires appétentes. L'un des meilleurs rapports qualité-prix de Bourgogne, à qualité toujours égale. Et autant le déguster au caveau de Chablis. Ici, le monde du plus grand producteur de l'appellation s'offre à nous, avec ses dizaines de cuvées, dans tous les millésimes et formats imaginables. On y trouve notamment le jumeau bio du Pas si petit : le petit chablis Dame Nature. Un vin d'une grande fraîcheur, dans un style plus floral et citronné que son alter ego. Ceux qui souhaitent grimper dans la hiérarchie des crus passeront un bon moment avec le 1er Cru Vaulorent, un concentré de terroir. Sans oublier le Grand Cru Château Grenouilles, emblème de la cave avec ses notes complexes de fruits secs, de craie, d'agrumes et de pâte d'amande, un blanc de garde tout en droiture et densité, à ouvrir dans l'idéal avec des crustacés. Les plus curieux pourront même visiter le vignoble avec un casque de réalité virtuel à 360 degrés.

En sortant, pensez à jeter un coup d'œil à la rutilante cuverie, séparée des passants par une grande vitrine. Ses longues rangées de cuves en inox, hautes comme de petits immeubles, ont de quoi impressionner.

La Chablisienne | 8 boulevard Pasteur, 89800 Chablis | 03 86 42 89 89 | caveau@chablisienne.fr | chablisienne.com | Catégorie de prix : *

Depuis 1923
La Chablisienne
2021
PETIT CHABLIS
PAS SI PETIT
La Chablisienne
CHABLIS - FRANCE
Depuis 1923
La Chablisienne
2021
PETIT CHABLIS
PAS SI PETIT
La Chablisienne
CHABLIS - FRANCE

6_ Le vrai goût du chardonnay ?

L'Inextinct, AOC Petit Chablis

Personne ne voulait de cette petite parcelle. Son terroir peu réputé et sa vigne délaissée décourageaient les acheteurs. Mais Catherine et Louis Poitout ont tenté le coup. « Nous étions en train de créer le domaine et cherchions des opportunités. Dans un premier temps, on s'est dit qu'on allait la replanter », relate le vigneron. Mais en commençant à y travailler, surprise… « Ça poussait bizarrement, on ne comprenait pas bien. Des rameaux fructifères sortaient de la base des ceps, ce qui est impossible normalement. On s'est dit que quelque chose nous échappait. »

Ce que le couple pressent, des techniciens le confirment : il s'agit bel et bien d'une vigne franche, c'est-à-dire sans greffage. « Toutes les vignes françaises sont greffées depuis plus d'un siècle, car c'est la seule solution pour éviter les ravages du phylloxéra, un fléau qui a détruit le vignoble. Ainsi, nos cépages poussent sur des porte-greffes américains. Il est rarissime de trouver un cépage directement enraciné dans le sol, et qui résiste encore au ravageur. C'est le cas ici. Personne ne le savait ! » Impossible de donner un âge à ces pieds. « Ils ont peut-être 150, 200 ans, qui sait ! L'absence de greffe allonge la durée de vie. »

Et la plus grande surprise reste à venir : elle est dans la bouteille. « Dès la première cuvée, ça a été une révélation. » Rien à voir avec le petit chablis, son appellation d'origine. Dans le verre, des larmes épaisses annoncent une texture veloutée, et en bouche, on s'étonne de ce gras, de cette consistance. L'aromatique, d'une grande complexité, va des agrumes confits aux épices douces, en passant par les fruits secs, la pierre à fusil, tandis qu'une sensation mentholée imprime une fraîcheur en bouche. Avec cette rareté, le domaine a conquis la grande restauration. « Les sommeliers sont très agréablement surpris, c'est impossible pour eux de deviner à l'aveugle. » Et Louis Poitout de s'en féliciter : « C'est peut-être ça, le vrai goût du chardonnay ! »

Domaine L&C Poitout | 3 rue du Serein, 89800 Chablis | 09 79 61 62 16 | contact@lc-poitout.fr | lc-poitout.fr | Catégorie de prix : ***

L&C
POITOUT
L'INEXTINCT
L&C
POITOUT
2022
Monopole
FRANC DE PIED
PETIT CHABLIS
APPELLATION D'ORIGINE CONTRÔLÉE
VIEILLES VIGNES FRANÇAISES
PRÉPHYLLOXÉRIQUES
2 160 bouteilles récoltées

7_Chablis audacieux

À l'Ouest, AOC Chablis

Jeune et en plein boom, le domaine de l'Enclos fait de plus en plus parler de lui à Chablis. La propriété a été fondée en 2016 par Romain et Damien Bouchard grâce aux vignes familiales. Jusqu'ici, rien d'absolument original. Mais les deux frères ne font rien comme les autres. Leurs étiquettes modernes et épurées attirent l'œil, et ce qui se passe à l'intérieur éveille encore davantage l'intérêt.

Les blancs de ce domaine bio sont vinifiés dans un style moderne : très mûrs, fruités et gourmands dès les jeunes années, et tous dotés d'une belle énergie. Le chablis, assemblage de parcelles, distille d'intense arômes citronnés et une certaine rondeur, avant que la trame ne se resserre sur la fraîcheur et la minéralité en finale. La cuisine asiatique lui est destinée : on l'imagine bien rehausser des sushis, ou encore des mandus, les fameux raviolis coréens. Une vision très gourmande et expressive d'une appellation habituée à un peu plus d'austérité.

Audace des audaces : les frères Bouchard vinifient un chablis sans sulfites nommé À l'Ouest. S'il n'a rien à voir avec les standards de l'appellation, c'est un vrai régal, un blanc de plaisir. À la fois juteux et digeste, il distille des notes gourmandes de yuzu, de poire et d'ananas. La gamme fait un tabac chez les cavistes et en restauration, les sommeliers appréciant ces profils atypiques qui leur offrent de nouvelles possibilités d'accords mets et vins. Le terrible gel de 2021 a amené le domaine à trouver des raisins dans une autre parcelle. Ainsi, la cuvée de l'année se nomme exceptionnellement À l'Est. Cette maison n'est que la suite d'une histoire familiale déjà riche : la famille des frères Bouchard fait du vin à Chablis depuis près d'un siècle. Gabrielle et André Tremblay, leurs grands-parents, ont commencé l'épopée, tandis que leurs parents Joëlle et Pascal Bouchard ont laissé leur empreinte à Chablis via la réputée maison Pascal Bouchard, désormais cédée.

Domaine de l'Enclos | 22 rue de Chichée, 89800 Chablis | 03 86 48 29 17 | mathilda@domainedelenclos.fr | domainedelenclos.fr | Catégorie de prix : **

chablis 2021
#gel2021
à l'ouest
à l'Est
domaine de l'enclos

8 Climat officieux

La Moutonne, AOC Chablis Grand Cru

L'histoire de ce Climat fait partie des récits bourguignons dont on se délecte ! La Moutonne, connu des moines dès le Moyen Âge, est devenu une légende pour les amateurs de vin blanc... sans jamais obtenir de reconnaissance officielle ! En 1938, alors qu'un décret délimitait l'appellation Chablis Grand Cru et ses sept Climats, la parcelle ne fut pas différenciée, et se fondit dans les Climats Preuses et Vaudésir. « On ne l'identifiait qu'oralement, sans référence au cadastre », détaille Louis Gimonnet, régisseur du domaine Long-Depaquit, qui possède ce grand cru iconique en monopole. « En 1950, le syndicat viticole de Chablis l'a enfin reconnu, mais la décision n'a jamais été publiée au Journal officiel... » Heureusement, « nous avons l'autorisation de mentionner La Moutonne en tant que marque sur les étiquettes, un moyen de référencer le vin sans enfreindre la législation », révèle l'œnologue.

Voilà donc un huitième Climat « officieux » parmi les grands crus de Chablis, dont l'histoire insolite ferait presque oublier sa géographie hors norme. « C'est un amphithéâtre naturel, dont la pente atteint par endroits 50 %. Il est protégé des vents froids du nord, et bénéficie d'une diversité d'expositions au soleil. Les raisins mûrissent donc différemment entre le haut et le bas de la parcelle, ce qui rend le vin unique et atypique. Lorsque j'explique qu'il n'est pas vinifié différemment des autres grands crus, certains professionnels ont du mal à me croire ! » Avec, en moyenne, moins de 9 000 bouteilles par an, la cuvée est presque exclusivement sous allocation, à l'instar d'un montrachet ou d'un romanée-conti. Sa puissance naturelle, ses arômes riches et subtils ainsi qu'une grande allonge en font l'un des plus beaux blancs de Bourgogne. Le domaine Long-Depaquit propose aussi une très jolie gamme de chablis plus « abordables ». Si possible, dégustez-les sur place : la propriété aime accueillir et laisse profiter de son magnifique parc arboré, au cœur du bourg.

Domaine Long-Depaquit | 45 rue Auxerroise, 89800 Chablis |
03 86 42 11 13 | chateau-long-depaquit@albert-bichot.com | albert-bichot.com |
Catégorie de prix : ****

ALBERT BICHOT
FONDÉE EN 1831
MOUTONNE
CHABLIS GRAND CRU
MONOPOLE
RÉCOLTE
2021
3 330 BOUTEILLES
180 MAGNUMS
DOMAINE LONG-DEPAQUIT
ALBERT BICHOT, PROPRIÉTAIRE

9 Le clos oublié

Clos des Hospices dans Les Clos, AOC Chablis Grand Cru

L'idée de « clos » compte pour la viticulture bourguignonne. Le chablis Les Clos, l'un des sept Climats de l'appellation Chablis Grand Cru, héberge une parcelle nommée Clos des Hospices, plantée perpendiculairement au reste du Climat. Nous voilà donc face à un « Clos dans Les Clos », fièrement défendu par ses propriétaires, la famille Moreau.

« La parcelle a appartenu aux moines cisterciens, puis aux hospices de Chablis avant d'être rachetée par nos aïeux. D'après les archives, elle était autrefois délimitée par un muret que nous aimerions reconstruire », détaille Louis Moreau. « On a toujours eu l'autorisation de vendanger, vinifier et vendre cette vigne à part. Mais jamais d'en faire un huitième Climat en grand cru. Pourtant, quand on le compare au reste du Grand Cru Les Clos, la différence saute aux yeux. Le Clos des Hospices se situe tout en bas du coteau, dans un sol assez profond, ce qui le rend souple et charmeur. » Des caractéristiques rares dans l'univers frais et minéral de Chablis. « On pourrait penser qu'il va faner plus vite, mais il se bonifie avec l'âge. On peut l'attendre 10 à 12 ans, plus en magnum. »

Promesse tenue lors de la dégustation d'un 2010 : avec les années, la cuvée a pris une superbe couleur or paille et une consistance onctueuse, avec des arômes de beurre et de noisette interminables en bouche. Le rêve avec un beau poisson blanc ou des crustacés grillés. Voilà probablement la cuvée la plus démonstrative du domaine Louis Moreau, qui travaille plus que tout la fraîcheur et la pureté de ses chablis. Ainsi, le chêne n'a pas droit de cité : tous les vins sont vinifiés et élevés en cuves inox, des appellations régionales aux grands crus. Fermentation longue et levures indigènes sont chargées d'imprimer un peu plus la marque du terroir. L'ensemble se traduit par beaucoup de droiture et demande du temps, en cave comme à l'ouverture. « Nos clients nous disent : c'est Chablis. Pour nous, c'est un beau compliment. »

Domaine Louis Moreau | 2 et 10 Grande Rue, 89800 Beine | 03 86 42 69 44 | boutique@louismoreau.com | louismoreau.com | Catégorie de prix : ***

LOUIS MOREAU
Louis Moreau
Chablis Bourgogne
2010
DOMAINE
LOUIS MOREAU
CLOS DES HOSPICES
CHABLIS GRAND CRU LES CLOS
Appellation Chablis Grand Cru Contrôlée

10 Premier des premiers

Montée de Tonnerre, 1er Cru, AOC Chablis

D'exquises nuances florales, un toucher aérien et une grande persistance révélant une minéralité brute, où le calcaire chaud s'impose presque jusque dans la texture du vin. Voilà la magie du Montée de Tonnerre, Climat parmi les plus élégants de Chablis, et roi des 1ers crus pour bon nombre d'amateurs. Un terroir de pures marnes calcaires, que Laroche n'édite qu'à un peu plus de 1 000 bouteilles par millésime. Pas facile de s'en procurer, donc, mais le domaine – une des références du village – propose dans sa vaste gamme nombre d'alternatives pour nous consoler.

Le « cousin » de la maison Champy (voir chap. 55) au sein du groupe Advini propose en effet une quinzaine de vins, dont de nombreux chablis 1ers crus. Un terrain de jeu idéal pour comprendre ce vignoble et en acquérir les clefs de lecture, notamment la principale d'entre elles : les différentes expositions de ces terroirs abrupts. Ainsi, le Vaudevey, terroir frais par excellence, avec sa trame longiligne et crayeuse, s'exprime pleinement avec les années. À l'inverse, Les Fourchaumes séduit plus vite par son volume et ses accents solaires.

Un domaine si bien pourvu n'existerait pas sans une longue histoire. Elle remonte à 1850, mais une partie des bâtiments trouve ses origines au IXe siècle, date de fondation des caves de l'Obédiencerie, au cœur de Chablis. Un lieu qui se visite : on y respire le passé, et il est toujours impressionnant d'imaginer les moines vinifier à cet endroit même, il y a plus de 1 000 ans. Laroche, c'est aussi un domaine en Languedoc : le mas La Chevalière, producteur de chardonnays au style certes moins énergique qu'à Chablis, mais néanmoins très plaisant. Le Petit Chardonnay, partiellement désalcoolisé, titre seulement 9,5 degrés tout en gardant son équilibre et ses notes de fruits jaunes et de fleur d'oranger. La modernité qui côtoie la plus noble tradition : c'est la magie du chardonnay, et l'objectif de Laroche.

Domaine Laroche | 22 rue Louis-Bro, 89800 Chablis | 03 86 42 89 00 | info@larochewines.com | larochewines.com | Catégorie de prix : **

Laroche
CHABLIS PREMIER CRU
APPELLATION CHABLIS PREMIER CRU CONTRÔLÉE
Montée de Tonnerre
2021
BOUTEILLE N° 587
Élevé et mis en bouteille par Laroche, Chablis, France

11 Jusqu'aux étoiles

Per Aspera, AOC Chablis

Chablis est l'une des expériences de dégustation les plus exaltantes du monde du vin : des milliers d'hectares, mais un terroir relativement homogène et un seul cépage. Ainsi, le jeu consiste à savourer les nuances entre les différents styles des centaines de vignerons. En simplifiant à outrance, on peut dire qu'il y a deux écoles. La classique, menée par les grands noms, privilégie la verticalité de ses cuvées : des chardonnays droits, profonds, superbes d'allonge, mais parfois un peu austères, ne se dévoilant qu'avec les années. Et l'école moderne, qui aime les chablis plus amples, plus fruités, plus rapidement séducteurs.

Le domaine Charly Nicolle est assurément un éminent représentant de la seconde. Sa cuvée Per Aspera charme par son fruit mûr et savoureux, rappelant les fruits jaunes, et sa texture sèveuse. Une générosité ne masquant pas pour autant les accents coquillés typiques de l'appellation. « Nous restons attachés à l'identité de Chablis, tendue et minérale, mais nous tenons à apporter une suavité, un enrobé supplémentaire. Pour cela, nous privilégions des raisins bien mûrs et allongeons les élevages, en utilisant le fût de chêne », souligne Lucie Thiéblemont, compagne de Charly qui, en 2012, a quitté ses fonctions dans la haute gastronomie pour rejoindre le domaine.

Cette liberté, Charly Nicolle l'a voulue dès ses débuts, quitte à prendre un peu de distance avec sa famille vigneronne. « J'ai tout de suite créé mon propre domaine et travaillé en parallèle de mes parents. Nous partagions les locaux, mais je faisais mes propres cuvées. Je tenais à pouvoir expérimenter. » Mais « pas de côté » ne veut pas dire « dos tourné », ce que le couple tient à rappeler à travers ce nom de cuvée : « C'est le début de la locution latine *Per aspera ad astra*, qui signifie “par des chemins ardus jusqu'aux étoiles”. Ces mots rendent hommage au dur labeur des vignerons qui nous ont précédés. Ils ont fait la renommée du chablis d'aujourd'hui. Il ne faut pas l'oublier. »

Domaine Charly Nicolle | 17 rue des Prés-Girots, 89800 Fleys | 09 54 94 40 83 | contact@chablis-charlynicolle.com | chablis-charlynicolle.com | Catégorie de prix : **

CHARLY NICOLLE
CHARLY NICOLLE
CHABLIS
Per Aspera
APPELLATION D'ORIGINE PROTÉGÉE
2022
GRAND VIN DE BOURGOGNE

12 Une parcelle en plein village

Clos du Château, AOC Chablis

Seule la Côte-d'Or accueille depuis des siècles des agriculteurs dévoués uniquement à la vigne. Partout ailleurs en Bourgogne, la polyculture a longtemps été la règle. Un héritage dont la fratrie Philippon aime se souvenir. « À l'époque de mes grands-parents, la récolte des noix et des pommes de terre était plus importante que les vendanges ! », rapporte Béatrice, qui apprécie « avoir connu cette époque ». Même son père était « obsédé par son huile de noix », sourit la vigneronne, qui gère le domaine avec ses frères Benoît et Olivier.

Une génération désormais spécialisée dans la viticulture, mais dont le rapport à la terre est resté inchangé. « On discute beaucoup des différentes parcelles, de nos pratiques culturales, des dates de vendanges. La vigne, c'est l'aspect le plus important du métier pour nous. » D'ailleurs, les Philippon vendent encore une bonne partie de leur production au négoce. Mais ce qu'ils vinifient vaut le détour. On perçoit dans cette gamme restreinte un vrai style maison, plutôt mûr et généreux. Du fait des parcelles assez solaires du domaine, mais aussi de ses pratiques. « La maîtrise des rendements est essentielle », précise Olivier.

Ainsi, L'Incontournable offre une belle rondeur et un fruit solaire (pêche, fruits secs), bien contrebalancés par des notes coquillées. Le 1er Cru Mont de Milieu, avec son exposition sud et les petits rendements de ses vieilles vignes, impressionne aussi par sa concentration. Le plus frais de tous les terroirs est le Clos du Château, acquis par le père de la fratrie, André Philippon, en 1988. Une vigne qui se déploie au cœur de Fleys, au bas de la bâtisse familiale. « Il est digne d'un 1er cru », estime Olivier, qui voit dans ce lieu « un microclimat apportant de la fraîcheur ». Il est vrai que son attaque très tonique laisse place à une trame droite et fraîche, avec de belles notes de fruits blancs et d'agrumes, suivies d'une longue finale minérale, avec un côté pierre à fusil. Un chablis à connaître.

Domaine du Château de Fleys | 2 rue des Fourneaux, 89800 Fleys |
03 86 42 47 70 | philippon.beatrice@orange.fr | chablis-philippon.com |
Catégorie de prix : **

CHÂTEAU
DE FLEYS
2021
CHABLIS
APPELLATION CHABLIS CONTRÔLÉE
MONOPOLE
Le Clos du Château
CHÂTEAU DE FLEYS
YONNE - FRANCE

13_ Orfèvre de la roche

Séchet, 1er Cru, AOC Chablis

La succession est un problème de taille en Bourgogne. À contrecœur, Samuel Billaud a vu le vignoble familial être cédé. Mais ce vigneron dans l'âme n'a pas abandonné pour autant. Reconstituant un domaine parcelle par parcelle, il propose désormais 17 cuvées différentes de chablis.

Son style : la pureté. Perfectionniste, il cherche une expression de ses terroirs toujours plus intense et précise. « Je privilégie les levures indigènes, ainsi que l'élevage sur lies », précise ce vinificateur tatillon. Élevage en cuve inox, principalement. « Seule une petite partie des grands crus et de certains 1ers crus sont élevés sous bois. Il s'agit de doubles fûts, de 456 litres, dont la surface plus importante marque moins les cuvées. De même, je choisis des douelles épaisses afin de ralentir l'élevage. » Vous l'avez compris, le sens du détail anime Samuel Billaud.

Une exigence qu'on retrouve dans ses cuvées. Toutes mériteraient une mention, mais comme il faut choisir, citons le Séchet. Sur la rive gauche du Serein (partie de Chablis réputée plus fraîche et tendue), ce Climat se situe au cœur du 1er Cru Les Vaillons, « un terroir particulièrement calcaire, qui produit un vin énergique, à la minéralité affirmée ». Ce chardonnay à l'attaque incisive est une démonstration de fraîcheur. Fraîcheur aromatique, avec des notes citronnées et une sensation mentholée. Fraîcheur minérale, grâce à cette expression de terroir à mi-chemin entre le crayeux et le salin. Aucun doute, ce vin appelle un accord avec des produits de la mer, comme des crustacés grillés. Côté grand cru, c'est le Vaudésir qui attire l'attention. Sa trame très persistante dévoile d'intenses arômes de citrus, de fruits secs et parfois de fruits exotiques, soulignés par une minéralité granuleuse, presque tactile. Un vin vertical, fait pour la cave et qui, avec les années, s'épaissit et gagne des saveurs de zestes d'agrumes confits. Car oui, tout blancs qu'ils sont, les grands chablis se gardent, même des décennies.

Domaine Samuel Billaud | 8 boulevard du Dr-Tacussel, 89800 Chablis | 03 86 31 06 75 | commande@samuel-billaud.fr | samuel-billaud.com | Catégorie de prix : ***

Les Grands Terroirs
SAMUEL BILLAUD
CHABLIS PREMIER CRU
SÉCHET
APPELLATION CHABLIS PREMIER CRU CONTRÔLÉE
VIEILLES VIGNES
Samuel Billaud
2020

14_Le bon choix

Chardonnay, AOC Bourgogne

Vincent Wengier est l'une des révélations des dernières années en Bourgogne. Il est issu d'une famille de viticulteurs des environs de Chablis, Préhy plus exactement, un village doté d'une petite chapelle Notre-Dame qui flotte au milieu d'une mer de vignes. Le lieu vaut le détour pour son charme bucolique autant que pour ses grands chablis.

Les parents de Vincent Wengier vendaient leur moût – le jus de raisin fraîchement pressé – à la coopérative. Mais après 20 ans dans les vignes, le viticulteur ressentit un besoin de renouveau. Conscient que ses terroirs possédaient un potentiel certain, il tenta la vinification. Un choix qui impliqua des investissements monstres, un temps de travail multiplié et une remise en cause personnelle : « Que pensera-t-on de mon vin ? » Sur ce point, le néo-vinificateur a vite été rassuré. Les critique élogieuses et les médailles ont couronné ses cuvées dès le premier millésime, 2018, et notamment son chardonnay. Le « simple » bourgogne chardonnay, pourrait-on dire, car l'appellation se situe au bas de la hiérarchie des crus bourguignons.

Pourtant, la parcelle jouxte l'aire d'appellation Chablis. « Elle en a toutes les caractéristiques, en particulier les sols kimméridgiens, pleins de petites huîtres fossilisées », détaille le vigneron, qui préfère souligner la générosité de la nature plutôt que la précision de son travail en cave. En bouche, on trouve d'un millésime à l'autre consistance et complexité aromatique, sur des notes de citrus, de fleurs blanches et parfois d'épices douces comme le genièvre. Le tout porté par une présence minérale soutenue, avec une finale rafraîchissante. Son chablis aussi a des atouts avec son attaque franche et sa trame très pure, aux nuances de caillou chaud. Citons enfin l'aligoté, tonique et digeste. Des cuvées qui révèlent toutes un sens de l'équilibre. Prochain projet de Vincent Wengier : vinifier des pinots noirs, qu'il a plantés il y a peu. Clients comme critiques attendent le résultat avec impatience.

Domaine Vincent Wengier | 45 Grande Rue de Chablis, 89800 Préhy | 06 51 22 77 39 | dwengier@orange.fr | chablis-wengier.fr | Catégorie de prix : *

VINCENT
VINCENT
WENGIER
BOURGOGNE
APPELLATION D'ORIGINE PROTÉGÉE
CHARDONNAY

15_Un chablis vivant

La Boissonneuse, AOC Chablis

Au XXe siècle, les gelées à répétition, le phylloxéra, les guerres et les crises économiques découragèrent peu à peu les vignerons de Chablis, et le vignoble a été pratiquement déserté, perdant en notoriété. Jusqu'au sursaut, dans les années 70. À l'époque, quelques courageux pionniers choisirent de réinvestir ces sols calcaires. Jean-Marc Brocard en faisait partie. Aujourd'hui, son domaine de 200 hectares est le plus grand de Chablis (sans compter la coopérative) et c'est un phare de l'appellation qu'il laisse à son fils Julien.

Ce dernier intensifie la démarche environnementale entamée avant lui. « On se sent responsable de cette terre prêtée. Nous voulons ici produire et faire croître sans s'approprier », explique le vigneron. Pour lui, le bio n'était qu'une étape, car « même avec ce label on peut abîmer la terre ». D'où son approche écologique poussée, comprenant plantation d'arbres et de haies, retraitement des eaux usées sur place ou encore vision sociale de l'entreprise, afin de « recréer un écosystème ».

Son fer de lance : la gamme 7 lieux, et ses sept vins en biodynamie, dont la cuvée phare est La Boissonneuse. « C'est notre première parcelle cultivée en biodynamie, dès 1997. » Un chablis à part : là où les canons de l'appellation mènent à des chardonnays très verticaux, ciselés, purs, faits pour des décennies de garde et longs à se livrer, celui-ci est rapidement affable, expressif, ample. On y trouve un fruité généreux et complexe, qui rappelle bien souvent les agrumes confits, doublés d'une belle expression minérale évoquant la coquille d'huître, et une longue finale sur la fraîcheur, un brin mentholée. « C'est un vin vivant, dont l'expression peut varier en fonction du jour d'ouverture », souligne Julien Brocard. Depuis son fief de Préhy, le vigneron et ses équipes font découvrir le reste de la vaste gamme. Ainsi que deux lieux magiques : la coupe géologique au sous-sol et la salle des foudres, au rez-de-chaussée.

Domaine Julien Brocard | 3 route de Chablis, 89800 Préhy | 03 86 41 49 00 | info@brocard.fr | brocard.fr | Catégorie de prix : **

VIGNE DE LA
BOISSONNEUSE
CHABLIS
APPELLATION D'ORIGINE CONTRÔLÉE
Julien brocard
MIS EN BOUTEILLE AU DOMAINE

16 Aligoté de cœur

AOC Bourgogne aligoté

Parmi les vignobles qui évoluent à l'ombre de leur célèbre voisin Chablis figure Chitry. Ce village a longtemps été une figure de proue de l'aligoté. « C'était le cépage le plus cultivé après-guerre, celui qui faisait notre typicité. Depuis, le chardonnay l'a largement supplanté. Au domaine, nous n'en avons que 2 hectares sur 14, mais il nous tient à cœur », confesse Olivier Morin.

Le vigneron adepte du bio choie cette parcelle plantée par ses parents dans les années 70. De vieux ceps d'aligotés fins (des pieds sélectionnés pour leur saveur et non leur rendement) s'y épanouissent sur un sol kimméridgien, de même nature que ceux de Chablis. En vinifications, « je suis le plus gentil possible avec les vins, minimaliste, c'est-à-dire que j'évite le plus possible d'intervenir. Cela peut paraître simple, mais c'est le plus compliqué. » Verdict : cet aligoté, de style plutôt classique, rayonne par son équilibre. On retrouve la vivacité naturelle de la variété, ses arômes de fleurs et d'agrumes, sa fine texture tannique, mais aussi un enrobé qu'on rencontre rarement dans ce cépage et qui apporte une sensation d'harmonie, de plénitude. La longueur en bouche est aussi à mentionner. On peut envisager 3 à 5 ans de garde.

Olivier Morin le conseille « en premier lieu avec des huîtres, sinon avec des crustacés, ou des produits de la mer en général ». Plus étonnant, « il s'accorde aussi très bien avec des fromages, comme un chèvre affiné ». Bien sûr, il rencontrera aussi du succès à l'apéritif. Une fierté pour ce vigneron qui a rejoint Les Aligoteurs, une association d'amoureux du cépage qui réunit nombre d'autres domaines cités dans ce livre. « L'association a mis cette variété en lumière en quelques années seulement, j'en suis très reconnaissant », tient-il à préciser. Parmi ses autres vins, mentionnons le chitry Olympe, un chardonnay cette fois. C'est une sélection parcellaire au profil riche et ample, que d'aucuns qualifieraient de « petit meursault ».

Domaine Olivier Morin | 2 chemin de Vaudu, 89530 Chitry | 03 86 41 47 20 | chitry@olivier-morin.fr | olivier-morin.fr | Catégorie de prix : *

OLIVIER MORIN
2022
BOURGOGNE
ALIGOTÉ

17_Cépage d'avenir

Sacy Cépage confidentiel, AOC Coteaux Bourguignons

À la croisée des influences de la Bourgogne, de la Loire et de la Champagne, l'Yonne a cultivé de nombreux cépages à travers son histoire viticole. En témoigne le domaine Gueguen, spécialiste du chablis, mais aussi des vins issus de variétés un peu moins courantes, comme le sauvignon et le césar.

Mais son cépage phare, c'est le sacy, raisin reconnaissable à ses baies allongées. « C'est un cépage cousin du tressallier, cultivé dans l'appellation Saint-Pourçain, en Auvergne. Il était très présent auparavant dans le secteur. Aujourd'hui, le chardonnay l'a remplacé, et nous ne sommes plus que deux ou trois domaines à en produire une cuvée », témoigne Céline Gueguen, propriétaire du domaine avec son mari Frédéric. Dans ce vin, tout évoque la légèreté. Sa robe claire aux reflets verts, son nez rappelant le litchi, son attaque vive, sa trame désaltérante et sa finale appétente, sur le citron vert. Un vin dont on se resservirait facilement. « Dans un contexte de réchauffement climatique, le sacy est un cépage d'avenir. Il mûrit très lentement, et n'atteint jamais des degrés d'alcool très élevés. En 2021 par exemple, nous étions en dessous des 12 degrés. » Son classement : Coteaux Bourguignons, appellation dédiée à tous les cépages rares et assemblages de variétés bourguignonnes.

Aux côtés de cette curiosité, la famille Gueguen propose dans son caveau de Chablis une gamme fournie. Le bourgogne Côtes Salines, un frais chardonnay, porte bien son nom, tandis que le chablis, très équilibré, est un digne représentant de son appellation, entre richesse, vivacité et finale minérale. Très portés sur l'œnotourisme, les Gueguen proposent aussi une offre de dégustations gourmandes, l'occasion de découvrir les gougères et la charcuterie locale, produits incontournables en terres chablisiennes. La famille loue aussi ses gîtes à Chablis, ainsi que dans le village proche de Préhy.

Domaine Céline et Frédéric Gueguen | 5 bis rue Jules-Rathier, 89800 Chablis | 03 86 81 52 56 | contact@chablis-gueguen.fr | chablis-gueguen.fr | Catégorie de prix : *

CÉLINE & FRÉDÉRIC
2021
SACY
CEPAGE CONFIDENTIEL
COTEAUX BOURGUIGNONS
famille
gueguen
VIN DE BOURGOGNE

18 L'union des contraires

Gondonne, AOC Bourgogne Côtes d'Auxerre

Si la minéralité de certains bourgognes fait débat, ce ne peut être le cas ici. Le côte d'Auxerre La Gondonne du domaine Goisot imprime une puissante salinité en bouche, qui chahute les papilles et fait saliver. La marque de son terroir de marnes grises. Cette touche s'exprime d'autant mieux qu'elle tranche avec la personnalité très mûre et charnue de ce blanc aux nuances de fruits du verger, amande et miel. Un profil parfait pour une volaille en sauce, un foie gras ou certains fromages.

Richesse et sapidité, puissance et élégance : la famille Goisot réussit ici à réunir les opposés. Mais le savoir-faire de ce domaine de référence à Saint-Bris, mené en bio depuis 2001 et en biodynamie depuis 2005, n'est plus à prouver. « Nous aimons la tension et la précision dans nos vins. Pour cela, le travail à la vigne est essentiel, mais nous comptons aussi sur des élevages longs en fût de chêne pour exprimer le potentiel des terroirs », explique Marie Goisot, qui gère le domaine avec son mari Guilhem et ses beaux-parents Ghislaine et Jean-Hugues. Ainsi, cette cuvée a patienté près de 2 ans avant sa mise en bouteilles. Une préparation qui lui garantit un excellent potentiel de garde.

Dans le reste de la gamme, le côte d'Auxerre Le Court Vit, un rouge cette fois, représente tout ce que l'on aime dans les pinots noirs de l'Yonne, avec son fruit expressif et croquant, sa fraîcheur, ses touches florales et épicées, ainsi que ses tanins très souples. Un plaisir immédiat. En visite (sur rendez-vous uniquement), vous dégusterez ces vins dans les caves historiques du domaine, un impressionnant souterrain du XIe siècle, en partie creusé à même la roche. « C'était à l'origine une construction militaire. On pouvait y circuler à l'abri des ennemis », témoigne Marie Goisot. La plupart des domaines du village possèdent aussi un bout de ce réseau, indissociable de l'identité de Saint-Bris-le-Vineux.

Domaine Jean-Hugues et Guilhem Goisot | 30 rue Bienvenu-Martin, 89530 Saint-Bris-le-Vineux | 03 86 53 35 15 | domaine.jhg@goisot.com | goisot.fr | Catégorie de prix : **

BOURGOGNE CÔTES D'AUXERRE
APPELLATION D'ORIGINE CONTROLÉE
GONDONNE
GOISOT
GUILHEM ET JEAN-HUGUES

19 Exception dans l'exception

Fyé Gris, AOC Saint-Bris

Si vous entendez « sauvignon » et « bourgogne » dans la même phrase, c'est que vous êtes à Saint-Bris. Ce village de l'Yonne, au sud-ouest de Chablis, est le seul dont l'appellation prend pour cépage le sauvignon, cette variété réputée pour sa fraîcheur, sa fidèle traduction du terroir et ses arômes caractéristiques de litchi et de pamplemousse.

On pourrait d'ailleurs plutôt parler « des » sauvignons. On distingue en effet sauvignon blanc, sauvignon gris et sauvignon rose, ce dernier étant aussi appelé fyé gris. « C'est une variante qui a failli disparaître », souligne Pierre-Louis Bersan, vigneron du domaine qu'il exploite avec son père Jean-François. En voie d'extinction dans les années 50 avec seulement une dizaine d'hectares survivants en France, la variété est remontée à plus de 600 hectares, principalement localisés dans le Poitou, mais aussi en Bourgogne, grâce à l'opiniâtreté de quelques vignerons comme les Bersan. « Il se distingue du sauvignon blanc par sa couleur rosée. Nous considérons qu'il apporte plus de complexité et de finesse, mais il est aussi plus difficile à cultiver et à vinifier que le sauvignon blanc, raison pour laquelle il avait été oublié. » La cuvée constitue en effet une expérience de dégustation : ses arômes à la fois floraux et exotiques se dévoilent avec délicatesse. Sa texture est assez consistante et l'ensemble bénéficie d'une belle allonge, avec quelques fins amers qui rafraîchissent la bouche. « Tout le monde en veut ! », se félicite Pierre-Louis, qui, pour le moment, n'en produit que quelques milliers de bouteilles, mais prévoit une ambitieuse replantation de 1,8 hectare afin de satisfaire la demande autant que sa volonté de préservation de ce matériel végétal. Autre spécificité de Saint-Bris : son incroyable réseau de caves, qui fait du sol un véritable gruyère. Là encore, les Bersan se montrent dignes du village, puisqu'ils possèdent une importante partie de ce dédale datant du XIe siècle. À visiter sur rendez-vous.

Domaine Pierre-Louis et Jean-François Bersan | 5 rue du Dr-Tardieux, 89530 Saint-Bris-le-Vineux | 03 86 53 07 22 | contact@domainebersan.fr | domainebersan.com | Catégorie de prix : *

P-L J-F BERS
FYÉ GRIS
SAINT-BRIS
GRAND VIN DE BOURGOGNE
P-L & J-F BERSAN

20 Dans la pierre de Tonnerre

Vive-la-Joie rosé, AOC Crémant de Bourgogne

Température : 12 degrés toute l'année. Avec pour murs d'imposants blocs de roche, les caves Bailly Lapierre font partie des lieux les plus impressionnants de Bourgogne. Au Moyen Âge se trouvait ici une carrière. On en extrayait la célèbre pierre de Tonnerre, celle qui a servi à édifier les maisons alentour, mais aussi Notre-Dame ou le Panthéon. Si l'activité a cessé, les lieux ont désormais une nouvelle vocation : accueillir les cuveries d'une référence des effervescents de Bourgogne, qui y stocke ses millions de bouteilles ordonnées en piles le long des roches. Un écrin minéral à visiter à tout prix. On y déambule comme dans une cathédrale, absorbé par des espaces qu'on ne peut embrasser d'un seul regard.

En fin de visite, place à la dégustation. On trouve chez Bailly Lapierre une large collection de crémants, plutôt articulée autour du pinot noir, cépage vedette de cette coopérative. « Il représente environ 70 % de notre production. C'est un cépage traditionnel pour nous, il se plaît très bien au nord de la Bourgogne », témoigne Sylvain Martinand, œnologue de la cave. Les deux cuvées Vive-la-Joie, millésimées, constituent le haut de gamme, avec leurs bouteilles tout en rondeurs. « Ces cuvées contiennent les meilleurs jus de l'année, et sont élevées en moyenne 5 ans sur lattes. » La version rosé brut se déguste comme un dessert. Cet assemblage pinot-chardonnay, bien que frais, offre des arômes gourmands et des nuances pâtissières : on croirait croquer dans une tartelette aux fruits rouges. Son alter ego blanc, 100 % chardonnay, présente des saveurs d'acacia, de coing et de pâte à pain d'une grande finesse. Dans sa vinothèque, le maître de chai garde précieusement quelques grandes cuvées du même acabit. Ceux qui ont la chance d'y avoir goûté peuvent témoigner de la belle longévité de certains de ces crémants millésimés, qui dévoilent, avec les années, des arômes de miel, de tabac ou encore de zestes d'agrumes, sans perdre de leur fraîcheur.

Caves Bailly Lapierre | 3 quai de l'Yonne, 89530 Saint-Bris-le-Vineux | 03 86 53 77 77 | home@bailly-lapierre.fr | bailly-lapierre.fr | Catégorie de prix : *

Bailly Lapierre
Vive-la-Joie
rosé
BRUT 2018
À SAINT-BRIS-LE-VINEUX, BOURGOGNE, FRANCE
654915

21 Au pays des cerisiers

Les Mazelots, AOC Irancy

D'un village à l'autre, le pinot noir, révélateur de terroir, donne une expression bien différente. L'une de ses traductions les plus singulières est celle d'Irancy. Réputé pour son fruit croquant et ses tanins fermes, le cru de l'Yonne se révèle particulièrement après quelques années de garde. On distingue deux variantes de l'appellation : les 100 % pinot, plus abordables dans leur jeunesse, et ceux comprenant un peu de césar, cépage local, accepté dans la limite de 10 % et qui apporte davantage de robustesse.

Les Mazelots, du domaine Ferrari, fait partie du premier groupe. Il distille un fruité puissant mais frais, dévoilant selon les millésimes des notes de cassis, de mûre ou de cerise. Son terroir particulièrement argileux et exposé sud apporte un surcroît de rondeur comparé au reste de l'appellation. Mais derrière cette apparente bonhommie, la complexité apparaît, faite de nuances épicées et d'une délicate touche végétale, et on apprécie la jolie longueur du nectar. L'élevage en demi-muids (fûts de chêne de 600 litres) atténue largement l'incidence du boisé, qui se fond. Des tanins soyeux et abondants ainsi qu'une certaine vivacité témoignent d'un joli potentiel de garde. Pour en profiter pleinement, le mieux est d'attendre (au moins) 2 à 4 ans en cave, puis, après ouverture, de patienter une heure avant de le servir.

Le cru est disponible au domaine, réputé pour son sens de l'accueil. On y trouve aussi le reste de la gamme, fait d'autres irancys, parcellaires ou non, dotés chacun d'une personnalité affirmée. L'occasion d'une balade dans ce joli village lové au creux de la vallée, entouré de vignes et… de cerisiers. Nombreux aux abords des parcelles, ces fruitiers donnent toute leur particularité aux paysages locaux. La meilleure saison pour s'y rendre est sans conteste le printemps, quand les fleurs blanches côtoient le vert tendre de la vigne qui éclot.

Domaine Ferrari | 7 chemin des Fossés, 89290 Irancy | 03 86 42 33 43 | contact@irancy-ferrari.com | irancy-ferrari.com | Catégorie de prix : *

Ferrari
Domaine Saint Germain
IRANCY
LES MAZELOTS
APPELLATION IRANCY CONTRÔLÉE
2020
GRANDS VINS DE BOURGOGNE

22 La perle du Morvan

L'Élégante, AOC Vézelay

Le lieu le plus visité de Bourgogne – bien plus que les célèbres hospices de Beaune – est un lieu saint : la basilique Sainte-Marie-Madeleine de Vézelay, au sommet du village. Elle est l'un des points de départ du pèlerinage pour Saint-Jacques. À ses pieds, une autre merveille, bien moins célèbre, se déploie : le vignoble du Vézelien, archipel viticole de moins de 100 hectares, dédié au chardonnay. Cette terre peu connue, isolée entre Beaune et Chablis, a obtenu l'appellation « Village » en 2017. Une distinction amplement méritée, tant ces parcelles donnent des blancs de grande classe, à mi-chemin entre la richesse des côte-de-beaune et la tension minérale des chablis.

Sophie Woillez, propriétaire du domaine La Croix Montjoie avec son mari Matthieu, résume bien les origines de ce style : « On est sur une base argilo-calcaire, présente sur l'ensemble de la Bourgogne, mais avec une dominante argileuse, bien plus qu'à Chablis par exemple. Cela apporte de la rondeur et une certaine profondeur à nos vins. » Sans lourdeur toutefois, car « nous sommes au pied du Morvan, un gros poumon de forêts qui apporte sa fraîcheur, notamment les nuits d'été. On vendange toujours une à deux semaines après Chablis ».

Des caractéristiques qu'on retrouve chez tous les – excellents – producteurs du cru, comme Montanet-Thoden ou la coopérative de la Colline Éternelle, la plus petite de Bourgogne. Et dans le trio de vézelays proposé par La Croix Montjoie. L'Élégante, milieu de gamme, a l'avantage de proposer fraîcheur et spontanéité dès l'attaque, tout en distillant des arômes de fruits blancs bien mûrs en bouche, une sensation mentholée ainsi qu'une pointe citronnée et une finale saline. Le tout en équilibre parfait avec le fameux gras apporté par le terroir. À découvrir sur place, dans ce jeune domaine qui s'élève sur les hauteurs du hameau de Tharoiseau, avec vue sur les bocages et le vignoble.

Domaine La Croix Montjoie | 50 Grande-Rue, 89450 Tharoiseau | 03 86 32 40 94 | contact@lacroixmontjoie.com | lacroixmontjoie.com | Catégorie de prix : *

DOMAINE
LA CROIX
MONTJOIE
L'élégante
2021
VÉZELAY
GRAND VIN DE BOURGOGNE

Côte-d'Or

La Bourgogne mythique

Nous voici au firmament des vins de Bourgogne : la Côte-d'Or, ainsi nommée en raison de ses vignes doucement pentues qui jaunissent en automne. Ici prennent pied les célèbres côte de Beaune et côte de Nuits, prisées de tout le mondovino, où les grands crus se succèdent, du montrachet au chambertin, du corton au musigny. La renommée du lieu ne doit rien au hasard : c'est ici que l'histoire viticole est la plus prégnante, le succès de certains crus remontant bien souvent au Moyen Âge. À tel point que ces deux côtes et leurs plus de 1 000 Climats ont été inscrits au patrimoine mondial de l'Unesco en 2015. La Côte-d'Or, ce sont aussi ces vignerons élevés au rang d'icône, souvent à leur corps défendant. Le long de ces pages, vous vous étonnerez peut-être de l'absence de certains grands noms. Des Roulot, de Montille, Leroy, Leflaive ou encore la fameuse Romanée-Conti ne figurent pas dans ce livre alors que leurs vins font, sans conteste, partie de ceux qu'il ne faut pas manquer. La raison est simple : la probabilité de les déguster devient – malheureusement – très maigre.

Non loin de ces crus de renom, la Côte-d'Or compte aussi sur des terroirs aussi remarquables que discrets. Grimpez quelques kilomètres à l'ouest et vous trouverez le bonheur dans les Hautes Côtes, vignoble en pleine renaissance et mine de pépites viticoles. Plus au nord, les fins crémants du Châtillonnais, voisin de la Champagne, méritent aussi l'attention. Enfin, quelques IGP (Auxois, Sainte-Marie-la-Blanche) existent dans le département, et leurs cépages oubliés vous surprendront. Cap sur la Côte-d'Or, une Bourgogne mythique, mais pas (encore) complètement explorée.

23_Entre Bourgogne et Champagne

« R » by Rousseau, AOC Crémant de Bourgogne

Qui connaît le vignoble du Châtillonnais ? Pas grand monde, même en Bourgogne ! Pourtant, nous sommes ici en terres sacrées du crémant de Bourgogne. Bien des maisons s'arrachent ces parcelles fraîches au nord de Dijon. Un coup d'œil à une carte et l'on comprend vite pourquoi : le vignoble partage une frontière avec… la Champagne. Frontière bien fine : Châtillonnais et côte des Bars ne sont séparés que pour des raisons administratives, le premier appartenant à la Bourgogne-Franche-Comté, la seconde au Grand-Est. Mais nous parlons bien de terroirs – et parfois de méthodes – semblables. Ici, les domaines restent discrets et de taille modeste, passant sous les radars médiatiques. Ce qui ne les rend que plus intéressants. À Molesme, le domaine de Francis Rousseau fournit un bel exemple. Le vigneron a pris le relai de son père, Pierre. « Il était ouvrier agricole en Champagne. Il a décidé d'y acheter un peu de vigne pour monter son exploitation. Mais les prix du foncier étaient tellement élevés que, pour se développer, il a dû aller en Bourgogne », confie son fils. D'où la situation singulière du domaine qui, aujourd'hui, propose un champagne et quatre crémants, dont le « R » by Rousseau, fierté du domaine.

La cuvée se distingue par sa texture ample et onctueuse empruntée au chardonnay (60 %) et sa tension acidulée digne du pinot noir (40 %). « On apporte encore plus d'attention à ce crémant qu'aux autres », révèle Francis Rousseau. « C'est un cœur de cuvée, c'est-à-dire issu des meilleurs jus. Il bénéficie de 2 ans d'élevage sur lattes. » Les commandes affluent, un peu trop pour ce flacon galbé qui ne s'édite qu'à environ 1 500 exemplaires l'an. En 100 % chardonnay, le Carte Blanche est aussi une réussite avec sa bulle très fine, sa texture crémeuse et ses arômes d'abricot sec. Généreux, comme ce vigneron qui aime prendre le temps de recevoir dans sa cuverie, au milieu des piles de crémant en cours d'élevage.

Domaine Pierre Rousseau | Sur la petite vigne, 21330 Molesme | 06 86 87 31 37 | contact@domainepierrerousseau.fr | domainepierrerousseau.fr | Catégorie de prix : *

Cuvée
R
by Rousseau
23.04

24_Cuvée perpétuelle

En Chemin Km 22.7, AOC Bourgogne

En rejoignant le domaine en 2016, Paul Bouhélier tenait à apporter sa patte. Cépage différent ? Vinification originale ? Étiquette artistique ? Non, encore mieux : le jeune vigneron a choisi de s'amuser avec les millésimes. « Sur cette cuvée de blanc, j'ai commencé par assembler 2016 et 2017, puis j'ai mis la moitié de l'ensemble en bouteille. L'année suivante, j'ai assemblé le reste avec une quantité équivalente de 2018, et j'ai à nouveau mis la moitié en bouteille. Et ainsi de suite. On a donc un roulement permanent : chaque année, la cuvée est composée à 50 % du dernier millésime, et à 50 % de l'ensemble des millésimes précédents », dévoile-t-il. Pour plus de clarté, le vinificateur a choisi un nom sans équivoque. « Le premier nombre indique le millésime le plus récent, le second évoque le total de millésimes dans la bouteille. Quant à “Km”, cela évoque bien sûr une distance, mais signifie aussi “kaléidoscope de millésimes” ».

Au-delà de cette démarche artistique assumée, le flacon a tout son intérêt en dégustation. On remarque d'emblée la complexité de ce chardonnay à la palette aromatique variée : le fruit fait bon ménage avec des nuances de miel, de fleurs blanches et d'épices douces, le tout conclu par une finale bien iodée. Paul Bouhélier le reconnaît en souriant : « Il a fallu un peu préparer mon père à cette cuvée, qui tranche beaucoup avec la tradition bourguignonne. Mais les retours des clients sont excellents ; depuis, le sujet est clos ! »

Le cœur de métier de la famille reste le crémant haut de gamme, spécialité de ces terres châtillonnaises. Des bulles qui se distinguent ici pour leur exceptionnel temps de vieillissement sur lattes. Trois ans pour la cuvée Trésor, vive et charnue ; cinq à six ans pour la cuvée Celtissime, élégante et pâtissière. Cette dernière partage un point commun avec la cuvée En Chemin : l'élevage dans du chêne… du même terroir que les vignes.

Domaine Bouhélier | 1 place Saint-Martin, 21400 Chaumont-le-Bois |
03 80 81 95 97 | contact@bouhelier.com | bouhelier.com | Catégorie de prix : *

Bourgogne
EN CHEMIN Km 22.7
DOMAINE
BOUHÉLIER

25 Hors des sentiers battus

Terre de Thorey « Sauvage », IGP Coteaux de l'Auxois

Que l'on parle de vin, de fromage ou d'huile d'olive, le système de signes d'origine à la française distingue l'échelon supérieur des AOC (appellations d'origine contrôlée) de l'échelon inférieur des IGP (indications géographiques protégées), au cahier des charges plus souple. Et, en la matière, les vins de Bourgogne se distinguent avec leur écrasante majorité de production sous AOC. Ainsi, les quatre IGP de Bourgogne s'étendent sur des surfaces anecdotiques et bénéficient d'une notoriété, il faut le dire, quasi nulle. Mais ce n'est pas une raison pour ne pas s'y intéresser. Ainsi, les coteaux de l'Auxois, à mi-chemin entre Côte-d'Or et Chablisien, recèlent quelques pépites, et en premier lieu le domaine d'Aurélien Febvre. L'œnologue de formation aurait pu mettre ses compétences au service des grands crus de Côte-d'Or, mais il a préféré suivre un chemin moins emprunté. Installé à Thorey-sous-Charny, le vigneron fait figure de pionnier à bien des égards, et sa cuvée Terre de Thorey « Sauvage » l'illustre à merveille. « Elle vient d'une vigne bio de pinot noir et de gamaret, un cépage suisse assez proche de la syrah. Le classement en IGP me permet cet assemblage. C'est une parcelle assez haute, entourée de prés et de forêts. Tout cela amène de la fraîcheur. Le vin est élevé en jarres de terre cuite ovoïdes, ce qui permet une micro-oxygénation sans goût boisé, tout en maintenant les lies en suspension, ce qui apporte de la rondeur. Je n'utilise aucun soufre, et la cuvée est labellisée « Vin méthode nature » », résume le vigneron.

Un processus rare qui donne un rouge pulpeux, tout en volume, avec des tanins gras et une aromatique mûre sur la burlat, les fruits noirs et quelques notes poivrées. Très gourmand, mais aussi très précis. « Avant de faire du vin nature, je fais du vin. En tant qu'œnologue, je n'accepte pas les déviances aromatiques », souligne Aurélien Febvre. Le blanc (cuvée tendre) possède les mêmes qualités.

Domaine Aurélien Febvre | 21 rue Avau, 21350 Thorey-sous-Charny | 03 80 64 65 12 | contact@domaine-aurelien-febvre.fr | domaine-aurelien-febvre.fr | Catégorie de prix : **

Vin méthode Nature
AB
TERRE DE THOREY
SAUVAGE
Vin rouge biologique
élevé en jarre de terre
2020
DOMAINE
AURÉLIEN FEBVRE

26 Le vin de la capitale

Coteaux de Dijon, AOC Bourgogne

Dijon fait partie de ces rares métropoles où, dans certains quartiers périphériques, ceps et béton se côtoient, créant un paysage hybride. Mais la capitale de Bourgogne ne produit que peu de vins aujourd'hui. Son riche passé viticole (plusieurs milliers d'hectares à son apogée, dont quelques grands crus, aussi cotés que les vins de Beaune) s'est réduit à peau de chagrin fin XIXe, mis à mal par les maladies de la vigne, les guerres et l'urbanisation, jusqu'à devenir anecdotique.

Un vignoble qui a entamé sa renaissance. Vignerons nuitons et beaunois – à la recherche de nouvelles terres – et pouvoirs publics – dans une optique de prestige local – agissent de concert pour faire renaître cette viticulture oubliée. Dans les villages de Talant, Daix, Chenôve, Corcelles-les-Monts ou Plombières-lès-Dijon, on plante de plus en plus. Dans le même temps, un dossier a été déposé auprès de l'Institut national de l'origine et de la qualité, chargé de la régulation des AOP, afin de faire reconnaître une appellation Bourgogne Dijon. Fait marquant de ce renouveau : l'achat, le 22 novembre 2013, de 160 hectares de terrain plantable par la métropole, qui souhaitait préserver ainsi ces terres de l'urbanisation. La collectivité créa, au passage, un domaine viticole de 8 hectares, le domaine de la Cras, dont il confia les rênes à Marc Soyard.

Le vinificateur jurassien n'était pas venu faire de la figuration. À son arrivée, il entama un travail de fond, restructurant les parcelles qu'il passa en bio puis en biodynamie. En cave, son style s'approche du sans intrant. Ainsi le Coteau de Dijon rouge, 100 % pinot, se distingue par sa fraîcheur, ses délicats arômes de baies rouges, son énergie et sa pointe minérale. « C'est l'un des grands avantages de ce vignoble : nous sommes plus au nord, et plus en altitude comparé à la côte de Beaune et à la côte de Nuits. C'est très intéressant dans un contexte de réchauffement climatique. » Attention : production limitée et difficile à trouver !

Domaine de la Cras | 21370 Plombières-lès-Dijon | 06 71 68 07 63 | domainedelacras@marcsoyard.fr | domainedelacras.marcsoyard.fr | Catégorie de prix : **

Domaine de la Cras
Marc SOYARD
Bourgogne
Appellation d'origine contrôlée
2020
Mis en bouteille au domaine de la Cras 21370 Plombières-lès-Dijon
Produit de France / contient des sulfites
www.marcsoyard.fr
11,5% vol.
75cl
COTEAUX DE DIJON

27_Rosé de connaisseur

AOC Marsannay rosé

En Bourgogne, qui dit rosé dit marsannay. L'appellation est la seule de niveau « village » à se décliner en trois couleurs. Une particularité historique : après la Première Guerre mondiale, ce vignoble, emmené par le vigneron Joseph Clair, a fait du rosé l'une de ses spécialités, se distinguant ainsi dans un contexte économique difficile. « Cette idée nous a peut-être sauvés. Sans cela, de très beaux terroirs auraient pu être urbanisés, comme dans le reste du secteur dijonnais », estime Laurent Fournier.

Depuis, le marsannay rosé a laissé la place aux blancs et rouges de l'appellation, dont la popularité a connu un boom. Mais comme d'autres, ce vigneron tient à son rosé. « C'est un hommage à ce passé. C'est aussi un vin que j'aime. 98 % des rosés sont des vins techniques, dont on travaille surtout la couleur. De mon côté, j'essaie de faire un rosé complexe et destiné à la garde. » Pour ce faire, le vigneron lui dédie de belles parcelles, dont une amenée à intégrer les futurs 1ers crus du village. Il travaille aussi avec minutie. « Je fais macérer le pinot noir une nuit. Puis je pressure très délicatement : à ce stade tout peut basculer. Pour rester concentré, je le fais tôt le matin, avant l'arrivée des équipes. » Le tout avant vinification et élevage en demi-muids.

À la clef, un vin plein, rond, à l'aromatique élégante de fruits rouges et d'agrumes, qui se bonifiera en cave. On peut l'associer facilement à des produits de la mer ou à des viandes blanches. Encore mieux : avec un dessert. « Avec une salade de fruits ou un gâteau bien chocolaté, c'est parfait ! », conseille Laurent Fournier. La cuvée, éditée à quelques milliers de bouteilles et très appréciée à l'export, reste difficile à trouver. « Je ne peux pas faire du rosé bling-bling. D'ailleurs, je ne ressemble pas à Brad Pitt », plaisante le vigneron en référence au récent investissement de l'acteur américain en Provence.

Domaine Jean Fournier | 29 rue du Château, 21160 Marsannay-la-Côte | 03 80 52 24 38 | domaine.jean.fournier@orange.fr | domaine-fournier.com | Catégorie de prix : **

2019
VIN DE BOURGOGNE
MARSANNAY
ROSÉ
Domaine Jean Fournier
VIGNERON À MARSANNAY LA CÔTE.CÔTE D'OR.FRANCE

28 Enfant de Marsannay

En Clémengeots, AOC Marsannay

Avec ses longues boucles blondes, sa barbe fournie et sa verve facétieuse, Sylvain Pataille est reconnaissable parmi tous les vignerons de Bourgogne. Son parcours aussi. Rien de traditionnel dans la carrière de ce Marcenacien, ce qu'il admet lui-même. « Mes parents étaient fonctionnaires, mais cultivaient un peu de vigne à côté. En les aidant, j'ai compris que ce métier était fait pour moi. Après mon diplôme d'œnologue à Bordeaux, j'ai voulu travailler dans des domaines, mais finalement c'est un labo d'analyses qui m'a embauché. J'y ai appris à déguster, et j'y ai développé un réseau, ce qui m'a aidé par la suite à constituer un vignoble. » Finalement, Sylvain Pataille s'est installé en 1999 avec un seul hectare qu'un ami vigneron a bien voulu lui céder. « Petit à petit, j'ai repris des vignes, plutôt en mauvais état, celles dont les autres ne voulaient plus », retrace-t-il dans un sourire. « C'était du boulot ! », se souvient ce passionné, qui a réuni 17 hectares, ainsi qu'une solide réputation, à force d'acharnement. Le soin extrême apporté à ses vignes, ses rendements maîtrisés, ses pratiques biodynamiques, ainsi que sa démarche très peu interventionniste en cave, le tout sans aucun dogme, lui ont vite fait gagner les faveurs de dégustateurs.

Les cuvées de Sylvain Pataille lui ressemblent : joyeuses, spontanées, mais complexes. Ses vins, très peu sulfités, font la part belle au fruit, qui s'exprime en précision et concentration, et à la fraîcheur, avec toujours un aspect digeste. L'En Clémengeots fait partie des vedettes de la gamme : c'est le genre de bouteille qu'on a hâte d'ouvrir, avec ses arômes de fruits rouges confiturés, sa texture souple, ses tanins bien mûrs et sa fraîcheur minérale. Précisons ici que Sylvain Pataille n'est pas le seul à faire honneur à Marsannay. Ce discret village voit depuis quelques années sa cote de popularité grimper grâce à la rigueur de ses vignerons, qui œuvrent à la reconnaissance de 1ers crus. C'est le moment d'en profiter...

Domaine Sylvain Pataille | 14 rue Neuve, 21160 Marsannay-la-Côte |
03 80 51 17 35 | domaine.sylvain.pataille@wanadoo.fr | Catégorie de prix : **

Vins de Bourgogne
MARSANNAY
Appellation Contrôlée
En Clémengeots
2021
mis en bouteille par
Sylvain PATAILLE
Marsannay la Côte, Côte d'Or, France
NET CONT. 750 ML
Produce of France
ALC.13% BY VOL
Vins de Bourgogne
MARSANNAY
Appellation Contrôlée
En Clémengeots
2021
mis en bouteille par
Sylvain PATAILLE
Marsannay la Côte, Côte d'Or, France
750 ML
Produce of France

29 Clos de caractère

Clos de la Perrière, 1er Cru, AOC Fixin

Le Clos de la Perrière coche toutes les cases du grand vin, celles des cinq sens. L'odorat d'abord : dans ce pinot noir, les notes fruitées (baies rouges et noires), épicées (poivre), empyreumatiques (cacao, fumée) se succèdent dans un long mille-feuille aromatique. Quant au goût, il nous promène entre fraîcheur, salinité et fins amers. Le toucher bien sûr entre en jeu, rouge oblige, et cette cuvée dévoile une structure solide, qui, bien qu'un peu corsée dans les jeunes années, enveloppe le palais et donne du volume. Nos yeux apprécient aussi sa robe grenat intense. À la clef, un grand potentiel de garde.

« Ces qualités s'expliquent par la nature du terroir, mais aussi sa diversité : la géologie est très variée sur les 5 hectares du Clos », décrypte Bénigne Joliet, 6e génération de la famille propriétaire des lieux. On ne peut s'empêcher de penser à d'autres grandes parcelles de Bourgogne, comme les Épeneaux ou le Clos des Mouches. « Il mérite d'être grand cru ! », ajoute le vigneron, non sans raison, car les anciens ont toujours considéré ce cru comme le meilleur de Fixin, et l'égal des meilleurs gevreys.

Ainsi, Bénigne Joliet veut le meilleur pour sa cuvée, qu'il élève dans du chêne de l'Allier, le plus noble dit-on, séché 24 à 30 mois pour en affiner les tanins. Dans cet écrin de bois, le pinot ne se presse pas. « En général, j'aime l'élever 2 ans, même si j'adapte la durée à chaque millésime. Les fixins sont puissants et ont besoin de temps. » Du temps passé à deux pas des vignes, dans les caves du manoir de la Perrière, qui, comme le Clos, a appartenu aux ducs puis aux moines de Cîteaux. On comprend mieux pourquoi le Climat n'a jamais été démembré. Quel bonheur de déguster sous les voûtes séculaires des caves : la pierre fraîche et son histoire lui confèrent comme un magnétisme, une vibration. Et un silence apaisant. Même l'ouïe profite du Clos de la Perrière.

Domaine Joliet | Rue de la Perrière, 21220 Fixin | 03 80 52 47 85 | domainejoliet@gmail.com | domainejoliet.fr | Catégorie de prix : ***

FAMILLE JOLIET
FIXIN 1ER CRU
CLOS DE LA PERRIÈRE
MONOPOLE
DOMAINE JOLIET
GRAND VIN DE BOURGOGNE

30_Le sel de la terre

Les Evocelles, AOC Gevrey-Chambertin

La minéralité, cette qualité si prisée dans les blancs de Chablis, Meursault ou Pouilly-Fuissé, peut aussi s'exprimer avec précision dans le pinot noir. Dans ce cas, on y fait souvent moins attention. Mais il est parfois impossible de passer à côté.

C'est tout l'intérêt de cette cuvée de gevrey Les Evocelles, signée Caroline Lippe et Julien Boileau. Les quatre petites parcelles qui composent l'assemblage surplombent le village de Brochon depuis son haut de coteau, non loin de la forêt. Ici, la vigne profite d'un pur terroir calcaire, avec des marnes (un mélange entre la roche et l'argile) contenant quantité de petites huîtres fossilisées. Le raisin en extrait une matière à la fois gourmande et racée : les petits fruits rouges (airelle, fraise des bois, griotte) et quelques nuances cacaotées le disputent à d'intenses accents salins, qui se prolongent longuement en finale. « On retrouve toujours ce caractère frais dans cette parcelle », témoignent Caroline et Julien, qui ont fait des Evocelles leur cuvée haut de gamme. Cette délicatesse version rouge laisse de belles possibilités d'accords mets et vins : on imagine volontiers une association avec la noble simplicité d'un os à moelle au four, le moelleux d'œufs en meurette ou encore la chair délicate de cailles en cocotte.

Dans un style légèrement plus puissant, le gevrey Vieilles Vignes du domaine se distingue par sa matière suave et son grain soyeux. Et dans le reste de la gamme, on retrouve ce style maison, axé sur la finesse des tanins, la gourmandise aromatique et la fraîcheur, style qui permet de se régaler dès les premières années et a rapidement mis en lumière le couple de vignerons, installé depuis 2017 seulement (Caroline est fille de vigneron, Julien était maître tonnelier). Les moins de 4 hectares en propriété en font l'un des plus petits domaines de l'appellation Gevrey. On ne s'étonne pas que cette terre familiale et ses raisins soient choyés.

Domaine Lippe Boileau | 18 route des Grands-Crus, 21220 Brochon |
06 21 31 35 52 | domainelippeboileau@gmail.com | Catégorie de prix : ***

DOMAINE LIPPE BOILEAU
Gevrey-Chambertin
Les Evocelles
2021
DOMAINE LIPPE BOILEAU
Gevrey-Chambertin
Vieilles Vignes
2021

31 Le verdict du terroir

La Justice, AOC Gevrey-Chambertin

« De caractère », « de terroir », « racés »... Dans la bouche des dégustateurs, les vins de Gevrey-Chambertin se distinguent toujours par leur personnalité. Le village aux neuf grands crus a une place de choix chez les amoureux du pinot noir, qui apprécient la complexité aromatique (on évoque souvent des notes animales et de sous-bois), la finesse des tanins et la grande capacité de garde du cru. Un lieu repéré depuis belle lurette : dans un écrit du VIIe siècle, on mentionnait déjà le Clos de Bèze, l'un des grands crus du village. Mais attention : comme partout en Bourgogne, il n'y a pas « un » mais « des » terroirs de Gevrey.

Dans les hauteurs, là où la roche affleure, on trouve des identités particulièrement délicates et minérales. En bas de coteau, une terre plus riche apporte davantage de rondeur et de gourmandise à ces vins. C'est le cas ici : en plein village, le gevrey La Justice (du nom du lieu où le seigneur local rendait ses jugements fut un temps) s'apprécie pour son côté immédiatement abordable, son aromatique expressive de petits fruits mûrs et ses tanins gras. Une bonhommie qui nous laisserait peut-être indifférents s'il ne cachait pas un supplément de finesse. En effet, le sol de La Justice n'est pas n'importe quel sol. Issue des dépôts d'alluvions de la combe Lavaux, faille géologique qui structure le vignoble de Gevrey, cette terre est complexe, et bien plus calcaire qu'il n'y paraît. Ainsi, ses innombrables petits cailloux blancs aident le raisin à mûrir en réfléchissant la lumière du soleil et apportent à la sève quelques notes salines.

Il faut aussi mentionner le travail de Bernard Bouvier, à la tête du domaine, qui met un point d'honneur à vendanger ses raisins à maturité optimum et est réputé pour ses vins très abordables dans leur jeunesse, mais qui tiennent dans le temps. Une richesse qui le dispute à l'élégance : c'est ce qu'on aime à Gevrey. On appellera cette qualité l'équilibre, à défaut de la nommer justice.

Domaine René Bouvier | Chemin de Saule, Brochon, 21220 Gevrey-Chambertin | 03 80 52 21 37 | domaine@renebouvier.com | renebouvier.com | Catégorie de prix : ***

BOUVIER
Grand Vin de Bourgogne
2020
GEVREY-CHAMBERTIN
La Justice
Appellation Gevrey-Chambertin Contrôlée
MIS EN BOUTEILLE PAR
RENÉ BOUVIER
à Gevrey-Chambertin

32_Deux grains pour un vin

A minima, AOC Bourgogne Passe-tout-grains

Est-ce le plus alsacien des domaines bourguignons, ou le plus bourguignon des domaines alsaciens ? Peu importe : le domaine de Jean-Louis (le Bourguignon) et Andrée (l'Alsacienne) Trapet fait des merveilles dans les deux vignobles. En Bourgogne, cette famille pionnière de la biodynamie connaît le succès pour ses gevreys énergiques et délicats, au grand potentiel de garde. En Alsace, elle sublime les cépages locaux et notamment le riesling, dont elle extrait des grands crus faits de pureté et de fraîcheur.

La réussite n'a pas gonflé les chevilles de cette famille réputée pour sa générosité et son sens de l'accueil. « Pour nous, le vin est un échange. On ne peut pas rester dans sa tour d'ivoire », estime Jean-Louis. Mais voilà : les mécanismes économiques à l'œuvre en côte de Nuits l'ont obligé, comme ses confrères, à monter ses prix. Le vigneron a donc trouvé deux parades pour proposer des vins accessibles. D'une part, le développement de formules de dégustation dans sa chaleureuse table d'hôtes, La Table T, incluant les plus grands vins du domaine comme le chambertin ou le schœnenbourg. De l'autre, une nouvelle gamme baptisée A minima, caractérisée par des sulfitages bas et des prix qui ne le sont pas moins. Le blanc réunit les six cépages alsaciens, pour un profil rafraîchissant et floral. Le rouge trouve racine en Bourgogne, et mêle gamay et pinot noir dans un style gourmand, éclatant de fruit, aux tanins souples et de bonne persistance. L'appellation Bourgogne Passe-tout-grains, comme son nom l'indique, est dédiée aux assemblages de cépages rouges, prohibés dans les autres AOC bourguignonnes. Mais au-delà des raisins, c'est le terroir qui interpelle. « Nous sommes en appellation régionale, alors que les parcelles jouxtent les Gevrey-Chambertin. Ces vignes auraient dû en faire partie, mais ça n'a pas été le cas pour des raisons strictement historiques, pas qualitatives », précise Jean-Louis Trapet, qui a fait de cette iniquité une force : celle de la simplicité.

Domaine Trapet | 53 route de Beaune, 21220 Gevrey-Chambertin | 03 80 34 30 40 | message@trapet.fr | domaine-trapet.fr | Catégorie de prix : *

a minima
TRAPET

33_Ce qu'on attend de Gevrey

AOC Gevrey-Chambertin

La famille Mortet, qui fait partie des références de l'appellation Gevrey-Chambertin, est désormais scindée en deux domaines, portant le nom de deux frères : Denis et Thierry. Ce dernier est parti de 4 petits hectares en 1992, et, à force de travail, a doublé cette superficie. Un domaine bio et motivé par l'approche traditionnelle de son appellation, dont il révèle la personnalité dans ses vins. Le gevrey « classique » mérite une mention, avec sa concentration, son aromatique ciselée, sur les fruits rouges et noirs écrasés et sa touche poivrée. Encore plus typé, le gevrey Vignes Belles possède un charme supplémentaire.

Voisin du 1er Cru Petite Chapelle, le lieu possède un terroir typiquement gibriaçois : une pente très douce et une généreuse terre d'argile mêlée de calcaire blanc. Après un nez floral, l'attaque révèle le caractère du cru, avec cette texture à la fois structurée et légère, et ces nobles notes terriennes, qui gagnent peu à peu en complexité et en fraîcheur, laissant la place au fruit (fraise, mûre ou cerise noire selon les millésimes). Le boisé est fondu et le volume en bouche se maintient longuement, procurant en finale énergie et minéralité. Élégant et racé : c'est ce qu'on attend de Gevrey.

« Cette parcelle était assemblée au reste de notre cuvée Village. Mais petit à petit, nous avons trouvé que sa spécificité méritait un vin à part entière », détaille Lise Mortet, qui a rejoint récemment ses parents Thierry et Véronique au domaine. Point commun des deux cuvées : elles sont taillées pour la longue garde, comme il se doit dans l'appellation. Une patience vivement recommandée : avec les années, les gevreys gagnent en complexité, offrant fréquemment des arômes de cuir, humus, épices douces ou encore truffe noire. Si les cuvées les plus jeunes s'accordent parfaitement à des pièces de bœuf grillées, les anciens millésimes offrent une noblesse aromatique et une finesse de grain idéales pour le petit gibier.

Domaine Thierry Mortet | 16 place des Marronniers, 21220 Gevrey-Chambertin | 03 80 51 85 07 | domainethierrymortet@gmail.com | domainethierrymortet.com | Catégorie de prix : ***

DOMAINE
THIERRY MORTET
GRANDS VINS DE BOURGOGNE
2020
Gevrey-Chambertin
APPELLATION GEVREY-CHAMBERTIN CONTRÔLÉE
DOMAINE
THIERRY MORTET

34_Modèle d'élégance

AOC Clos Saint-Denis Grand Cru

Les noms des grands crus de Morey-Saint-Denis sont plus connus que le village lui-même. Le duo Clos de Tart et Clos des Lambrays, propriétés respectives des familles Pinault et Arnault, forment un prestigieux voisinage captant l'essentiel de l'attention médiatique. Non loin, le Clos de la Roche est aussi très apprécié chez Ponsot ou Leroy comme aux Hospices de Beaune. On pense moins au Clos Saint-Denis, qui a pourtant donné son nom au village.

« Il est plus confidentiel par sa taille : 6,3 hectares. C'est peu si on le compare aux autres. Par ailleurs, il est la propriété de petites exploitations familiales comme la nôtre, qui communiquent discrètement », décrypte Benoît Stehly, vigneron du domaine Georges Lignier et représentant de la 4e génération de la famille. Son clos-saint-denis offre une matière tendre avec une présence ample et longue en bouche, soutenue par une charpente fine. On y trouve des notes subtiles de fruits rouges et d'épices douces, mais pas seulement : des agrumes comme l'orange sanguine s'invitent, distinguant ce pinot d'autres classiques de la côte de Nuits. « C'est mon favori : car nous en sommes les plus gros propriétaires, mais aussi pour cette élégance un peu particulière. »

Une singularité qui provient notamment des vignes plantées dans les années 40. Du matériel végétal d'exception sur un terroir d'exception : peu osent arracher pour replanter. « Beaucoup de vignerons, et j'en fais partie, préfèrent remplacer les pieds trop vieux petit à petit. C'est comme un quartier haussmannien à Paris : on ne le rase pas, on le rénove ! » Et pour préserver le style de son poulain, Benoît Stehly privilégie « une vinification en douceur, où le froid joue un rôle important », puis un élevage en fût « avec des chauffes longues, pour ne pas marquer ». Voilà un grand cru choyé, comme c'est d'usage chez ces familles vigneronnes qui résistent tant bien que mal à la pression foncière, au cœur des vignes les plus convoitées du monde.

Domaine Georges Lignier et Fils | 41 Grande Rue, 21220 Morey-Saint-Denis | 03 80 34 32 55 | domaine.lignier.georges@live.fr | bourgogne-vigne-verre.com | Catégorie de prix : ****

GES LIGNIER
VIN DE BOURGOGNE
Clos-Saint-Denis
Grand Cru
APPELLATION D'ORIGINE CONTRÔLÉE
GEORGES LIGNIER ET FILS
VITICULTEURS à MOREY-SAINT-DENIS, CÔTE D'OR - FRANCE
GEORGES

35 Une part de mystère

AOC Musigny Grand Cru

Si le montrachet est l'icône absolue en chardonnay, côté pinot noir, le roi est le musigny. Le grand cru de Chambolle est considéré par nombre d'amateurs comme le vin rouge le plus délicat du monde. Ses tanins sont le mètre étalon de l'élégance à la bourguignonne, comparés à la soie ou au cachemire. Si vous tentez de vous procurer un flacon chez les producteurs, vos efforts seront vains : comme son alter ego blanc, chaque musigny est réservé avant même la récolte. Notamment celui du domaine Comte Georges de Vogüé.

Une imposante complexité aromatique s'en dégage, ainsi qu'un sentiment de puissance contenue, souligné par des tanins offrant ce raffinement infini conforme à la réputation du cru. Nous voilà dans le registre de l'émotion. Quel est le secret ? « Bien sûr il y a un grand terroir, fait d'un sol léger sur une roche très calcaire, des vieilles vignes, une situation privilégiée en haut de coteau… Mais si cela suffisait, on ferait du musigny un peu partout. Je crois que, comme pour tous les grands terroirs, il y a une part de mystère », reconnaît Jean Lupatelli, son vinificateur.

D'ailleurs, ce pinot ne se révèle pleinement qu'après des décennies. « Cela correspond à la philosophie du domaine. Un grand terroir ne s'appréhende que petit à petit ; je pense qu'il faut une carrière pour le connaître parfaitement. Ici, chaque choix est longuement mûri, nous vivons dans le temps long. » Loin des projecteurs. « Les propriétaires du domaine n'aiment pas être mises en avant. Nous n'avons même pas de site internet. Le but n'est pas d'épater la galerie, mais de faire vivre un patrimoine. » Et quel patrimoine : le domaine, dont les origines familiales remontent à 1450, possède les deux tiers du Musigny. Un luxe qui l'autorise à y produire… un blanc. « C'est le seul grand cru blanc de la côte de Nuits. Cette présence de chardonnays au sein du Musigny est historique. C'était probablement un usage à l'époque, mais nous n'en savons pas plus ». Mystère…

Domaine Comte Georges de Vogüé | 7 rue Sainte-Barbe,
21220 Chambolle-Musigny | 03 80 62 86 25 | Catégorie de prix : *****

MUSIGNY
GRAND CRU
APPELLATION MUSIGNY CONTRÔLÉE
CUVÉE VIEILLES VIGNES
GRAND VIN DE BOURGOGNE
Domaine Comte Georges de VOGÜÉ
CHAMBOLLE-MUSIGNY (CÔTE-D'OR)
2021
750 ml
13% vol.
PRODUCT OF FRANCE

36 Le « diamant serti de rubis »

Le Clos Blanc de Vougeot, 1er Cru, AOC Vougeot

À l'origine de la saga Boisset, Les Evocelles, un 1er cru de l'appellation Gevrey-Chambertin. « C'est la toute première vigne de la famille, mon père l'a achetée à 21 ans. Mon grand-père lui a même donné la main pour la défricher », détaille Nathalie Boisset, dont les yeux s'humidifient toujours un peu au moment d'évoquer cet épisode. Car la fille de Jean-Claude Boisset sait que cette terre est le point de départ de la *success story* vigneronne de sa famille (voir chap. 54). Famille qui, en développant son activité viticole, a tenu à avoir son porte-étendard. « L'idée était de rassembler différentes vignes acquises sous un domaine d'excellence. On a pu le faire en 1999. » Ainsi est née La Vougeraie, qui regroupe Les Evocelles et d'autres belles parcelles. Le domaine est devenu l'un des premiers à privilégier le bio. Il fut aussi un pionnier de la biodynamie dès 2001 grâce à son premier régisseur Pascal Marchand. Aujourd'hui, c'est Sylvie Poillot qui a pris les commandes de la perle de Premeaux. On y trouve des trésors, comme un charmes-chambertin Grand Cru issu de vignes plantées pour la plupart en… 1901. Mais aussi un monopole en 1er Cru nommé Clos Blanc de Vougeot. Cette parcelle triangulaire n'a jamais connu de morcellement depuis 1110, quand les moines cisterciens l'ont aménagée. Et ce n'est pas sa seule particularité : on ne peut que s'étonner qu'une vigne blanche se déploie dans un océan de grands crus rouges. C'est pour cette raison que le domaine évoque un « diamant serti de rubis ».

« Ce terroir a été identifié dès le début, de manière empirique, comme adapté aux cépages blancs. On sait aujourd'hui qu'il est traversé par une veine calcaire », révèle Nathalie Boisset. La parcelle compte, en sus du chardonnay, une touche de pinots gris et blancs, cépages cousins qui apportent une onctuosité singulière. En bouche, tout n'est que précision, complexité et amplitude. Le fruit est délicat, la salinité puissante. La longueur de la trame paraît infinie. Un diamant, à n'en pas douter.

Domaine de la Vougeraie | 7 bis rue de l'Église, 21700 Premeaux-Prissey | 03 80 62 48 25 | vougeraie@domainedelavougeraie.com | domainedelavougeraie.com | Catégorie de prix : ****

DOMAINE
DE LA
VOUGERAIE
FRANCE
Vougeot 1er cru
APPELLATION D'ORIGINE CONTRÔLÉE
LE CLOS BLANC DE VOUGEOT
MONOPOLE
Tirage limité à 12 455 bouteilles

37__Grand cru « rassurant »

AOC Clos de Vougeot Grand Cru

Vougeot est peut-être le Climat le plus célèbre de Bourgogne. C'est le plus grand des clos, distribué entre environ 80 propriétaires (le journaliste Laurent Gotti, fin connaisseur de la Bourgogne, a même édité une carte pour les localiser), et il accueille le château du même nom. Quelques clos-vougeot font référence, comme ceux du château de la Tour (voir chap. 38), du domaine d'Eugénie ou du domaine Méo-Camuzet (voir chap. 40). Sans oublier le domaine Faiveley : sur la route des grands crus, on aperçoit de loin son portail arborant le nom de la famille, laissant apercevoir la vigne tant convoitée. « Notre cuvée est un assemblage de trois terroirs du Clos. Un au sud, plutôt marneux, un au nord, à la terre profonde et argileuse, et un à l'ouest, plus caillouteux », décrit Jérôme Flous, directeur technique du domaine. À la clef, un vin « rassurant », à la charpente généreuse, à la bouche juteuse et aux accents floraux. « Nous avons de nombreux grands crus, et celui-là se démarque tous les ans par son côté terrien. On parle parfois de belle rusticité. Notre clos-vougeot est profond et riche, à l'opposé des Échézeaux, situés juste à côté. »

Un classique parmi les classiques : la famille Faiveley est de celles qui comptent en Bourgogne. Parmi les domaines, c'est « le plus grand des petits, ou le plus petit des grands », comme aime le formuler Jérôme Flous. Il est vrai qu'avec 120 hectares en propriété et une activité de négoce très limitée, les Faiveley oscillent entre le monde vigneron et celui des grandes maisons. « Eve et Erwan, de la 7e génération, sont présidents du domaine. Et la 8e génération arrive. C'est une longévité assez rare à cette échelle. Nous sommes comme une start-up qui a 200 ans ! », plaisante le bras droit de la famille. Depuis peu, la propriété renoue avec l'œnotourisme, et Eve Faiveley a créé une boutique à l'entrée. Un lieu élégant, d'où on aperçoit *Le Baiser*, un bronze original de Rodin, acquis en 2022. Une autre gloire du domaine.

Domaine Faiveley | 8 rue du Tribourg, 21700 Nuits-Saint-Georges | 03 80 61 04 55 | contact@domaine-faiveley.com | domaine-faiveley.com | Catégorie de prix : ****

Depuis 1825
DOMAINE
FAIVELEY
CLOS DE VOUGEOT
GRAND CRU
2020
De cette récolte, il a été produit 5440 Bouteilles
MIS EN BOUTEILLE AU DOMAINE A NUITS-SAINT-GEORGES

38_Troisièmes en 1 000 ans

AOC Clos de Vougeot Grand Cru

Si la page précédente évoque de nombreuses facettes du Clos de Vougeot, elle en oublie une : le château de la Tour, son domaine emblématique, mené par François Labet et son fils Édouard. Ils sont les mieux pourvus des soixante et quelques propriétaires du Clos, avec plus de 5 hectares. Et surtout les seuls à vinifier à l'intérieur, dans une somptueuse bâtisse voisine du mur nord.

On apprécie leur clos-vougeot pour sa plénitude : il est la démonstration de ce que peut offrir un pinot fin de Bourgogne. La générosité des terres apporte consistance et fruit, ainsi que des tanins abondants mais souples. Grâce au style Labet, très porté sur la vendange entière (vinification des raisins avec leurs rafles), on trouve aussi des nuances florales et réglissées rafraîchissantes. Le mode de culture biodynamique confère une certaine tension à l'ensemble. Enfin, un sulfitage très faible apporte de la souplesse. L'ensemble concourt à cette « buvabilité » primordiale pour François. « Il faut qu'on puisse garder la bouche fraîche, dire : "ressers-moi un verre" », insiste le vigneron. Cela n'empêche pas les années de le bonifier – c'est là qu'on reconnaît un grand vin.

Un 2002, dégusté récemment, offrait l'énergie et l'équilibre d'une jeune cuvée, avec la gourmandise des fruits rouges confiturés et de subtiles notes torréfiées. Le temps ne fait pas peur aux clos-vougeots, ni aux Labet. « Nous sommes les troisièmes propriétaires de nos parcelles en 1 000 ans : il y a eu les moines, un autre propriétaire au XIXe siècle, puis nous », résume Édouard, qui, avec son père, se sent responsable d'un morceau de civilisation autant que d'une entreprise viticole. Mais l'amour du pinot noir n'ayant pas de frontière, les Labet en produisent aussi en Californie (non loin de Santa Barbara) et en Corse (dans le secteur d'Aghione), à chaque fois dans le cadre d'une collaboration avec un vigneron local. Histoire de se changer les idées, loin du Clos. Et de mieux y revenir.

Château de la Tour | Rue de la Montagne, 21640 Vougeot | 03 80 62 86 13 | edouard@labet.com | chateaudelatour.com | Catégorie de prix : ****

CHATEA
Clos
CHÂTEAU
2020

39_Le fruit, le vrai

Vieilles Vignes, AOC Bourgogne Hautes Côtes de Nuits

Manuel Olivier ne profite pas de son cocon bucolique sur les hauteurs de Nuits-Saint-Georges pour se terrer, bien à l'abri. Au contraire : le vigneron fait partie des hyperactifs du milieu, des engagés et ardents défenseurs de la filière bourguignonne. Responsabilités au sein des instances interprofessionnelles, travail autour de la reconnaissance d'une appellation Dijon, présence aux salons et concours (par goût du contact plus que par nécessité) : le vigneron parvient à multiplier les fronts sans pour autant délaisser d'un iota sa production viticole désormais largement plébiscitée.

Son travail dans les grandes appellations fait des merveilles : ainsi, son chambolle-musigny Les Fouchères est un parangon d'élégance et son meursault Les Pellans un digne représentant de son cru, entre texture enrobée et vivacité citronnée. Mais son terrain de jeu premier reste celui des Hautes Côtes de Nuits. Son Vieilles Vignes rouge, extrait non loin du Clos de Vougeot, est le résultat d'un travail de vigne et de cave poussé, dont une macération jouant les prolongations et un élevage sous bois de 18 mois. D'un fort tempérament, la cuvée propose un profil charnu et structuré, avec une aromatique très complexe, allant de l'orange sanguine au cacao en passant par les épices douces et les petits fruits rouges et noirs. Des fruits rouges, qui, pour Manuel Olivier, ne sont pas que des arômes en bouteille. Originaire d'une famille de producteurs de fraises, framboises, cassis et groseilles (l'autre spécialité des Hautes Côtes), le vigneron n'a jamais fait une croix sur ses racines. En parallèle du vin, le domaine continue donc son activité fruiticole et propose la libre cueillette dans sa ferme, à pratiquer en fonction des saisons, naturellement. À la clef, des prix abordables et conformes à la philosophie du vigneron, qui se bat pour que la Bourgogne viticole demeure accessible.

Domaine Manuel Olivier | 7 rue des Grandes-Vignes, 21700 Nuits-Saint-Georges | 03 80 62 39 33 | contact@domaine-olivier.com | vindebourgogne-manuel-olivier.com | Catégorie de prix : **

Manuel Olivier
VIGNERON EN BOURGOGNE
BOURGOGNE
HAUTES CÔTES DE NUITS
VIEILLES VIGNES
PINOT NOIR
2021

40 Le trésor révélé

Au Cros Parantoux, 1er Cru, AOC Vosne-Romanée

Faut-il toujours s'en remettre à la hiérarchie des appellations de Bourgogne ? Le seul Cros Parantoux permet d'en douter. Quand Henri Jayer s'est porté acquéreur de ce terrain en 1950, c'était un 1er cru délaissé, en friche. Pendant la guerre, on y plantait des topinambours. Mais le « pape des vignerons » a vite repéré le potentiel de ce coteau pentu, nourri au soleil matinal, et y a planté des pinots fins. À la clef, l'un des rouges les plus prisés du monde.

« Un grand vin, auquel on peut faire confiance. On n'a pas besoin de l'élever dans le coton », soutient Jean-Nicolas Méo, disciple d'Henri Jayer, aux commandes du domaine depuis 1989. Il est vrai que le Cros Parantoux impressionne par sa fraîcheur tactile à toute épreuve, sa traduction précise d'un terroir de rocaille, ses tanins doux, ses effluves complexes et élégants de petites baies rouges, d'agrumes ou encore d'épices… et sa longueur sans fin. Un flacon à la fois démonstratif dans sa prime jeunesse et taillé pour la garde.

Fier de sa cuvée iconique, Jean-Nicolas Méo n'oublie pas pour autant d'appliquer son savoir-faire aux autres Climats du domaine – quelques célébrités comme Les Richebourgs, le Clos de Vougeot, le Clos Rognet et Les Rouges du Bas. Mais aussi d'autres terroirs moins en vue, qu'il affectionne particulièrement. « À travers notre activité de négoce, [créée avec ses sœurs Isabelle et Angeline, et nommée Méo-Camuzet Frère et Sœurs], nous cherchons de plus en plus à nous approvisionner en raisins d'appellations moins célèbres, afin de produire davantage de vins accessibles. D'autant que certaines parcelles gagnent en intérêt avec le réchauffement climatique », confie le vigneron de Vosne-Romanée. Citons pour exemple le nuits-saint-georges, à la trame fraîche et à la structure solide, dont les nuances de fruits rouges croquants s'accompagnent d'accents mentholés et poivrés. Un futur Cros Parantoux ?

Domaine Méo-Camuzet | 11 rue des Grands-Crus, 21700 Vosne-Romanée | 03 80 61 55 55 | information@meo-camuzet.com | meo-camuzet.com | Catégorie de prix : *****

Domaine Méo-Camuzet
PROPRIÉTAIRE À VOSNE-ROMANÉE
PREMIER CRU
VOSNE-ROMANÉE
AU CROS-PARANTOUX
APPELLATION VOSNE-ROMANÉE 1ER CRU CONTRÔLÉE
MIS EN BOUTEILLE AU DOMAINE
GRAND VIN DE BOURGOGNE

41 Multi-tasteviné

Pinot Noir, AOC Bourgogne

Le pinot noir du domaine Mongeard-Mugneret est référencé en appellation régionale, sans étiquette ni concept particulier. À première vue, pas de raison d'être attiré par cette bouteille plus que par une autre. La dégustation fait changer d'avis. Un fruité puissant, une amplitude et une longueur dignes des grands terroirs : ce bourgogne a quelque chose de plus que ses congénères – mais quoi ?

Tout s'éclaire grâce aux explications de Vincent Mongeard, propriétaire du domaine. « C'est un tout. D'abord, il y a le matériel végétal. Cette cuvée vient de pinots noirs issus de notre propre sélection : depuis l'époque de mon arrière-grand-père, nous identifions les meilleurs pieds dans nos vignes et nous les multiplions. Cela donne un raisin certes moins productif, mais plus fin. Cette variante du pinot noir est même reconnue en tant que » pinot Mongeard « dans les livres d'ampélographie [qui étudient les cépages]. Il y a aussi le terroir. Ce vin vient de deux parcelles de qualité, l'une à Vosne-Romanée, proche de Nuits-Saint-Georges, et l'autre à Flagey-Échézeaux. Enfin, nous travaillons à la maîtrise des rendements, afin de concentrer la matière. »

Ainsi, la cuvée est récompensée presque chaque année par le Tastevinage. Cette sélection de vins, organisée par la célèbre confrérie bourguignonne des chevaliers du Tastevin deux fois par an, estampille les bourgognes dignes de leur appellation. Et parmi ses favoris se trouve ce flacon. Il a même eu droit deux fois au titre de « Major » : une place parmi les 12 cuvées préférées du jury, sur un millier d'échantillons.

Le domaine Mongeard-Mugneret propose également quelques cuvées atypiques. Citons La Grande Complication, un échézeaux Grand Cru vinifié à 100 % en grappes entières et 100 % en fût de chêne neuf. L'idée : « Exprimer l'harmonie et la pureté du pinot noir avec la même précision qu'un horloger. »

Domaine Mongeard-Mugneret | 16 rue de la Fontaine, 21700 Vosne-Romanée | 03 80 61 11 95 | domaine@mongeard.com | mongeard.com | Catégorie de prix : *

MONGEARD
MONGEARD
QUALITE NOBLESSE
BOURGOGNE
APPELLATION BOURGOGNE CONTRÔLÉE
PINOT NOIR
DOMAINE
MONGEARD-MUGNERET

42 Le vin du phénix

Charmont, AOC Bourgogne Hautes Côtes de Nuits

Âgé d'une vingtaine d'années, Laurent Delaunay a repris dans l'urgence les rênes du négoce familial, la maison Édouard Delaunay, dans les années 90. La santé de son père l'imposait. Il découvrit alors les difficultés que connaissait cette entreprise, qu'il dut céder. Une rude entrée en matière pour ce jeune Bourguignon, qui décida de rapidement tourner la page. Avec sa femme Catherine, elle aussi œnologue, ils s'exilèrent dans le Languedoc, où ils créèrent Badet Clément, un négoce fructueux qui gagna l'admiration de la filière grâce à sa marque Les Jamelles. De retour en Bourgogne pour créer une seconde entreprise, Laurent et Catherine Delaunay eurent une surprise. « En 2017, le groupe qui avait racheté la maison Édouard Delaunay il y a 24 ans de cela propose de me la revendre. C'était un pur hasard, car je ne nourrissais aucune obsession, je n'ai rien provoqué. La proposition est simplement tombée au moment idéal. Je l'ai acceptée. » Et Laurent Delaunay de racheter la firme qu'il avait lui-même cédée. Elle y gagna au passage un surnom : la « maison-phénix ».

Il fallut tout reprendre de zéro : la famille installa un outil de production neuf à L'Étang-Vergy, son fief des Hautes Côtes, et fit jouer son réseau pour s'approvisionner en raisin. Le succès ne s'est pas fait attendre. Les cuvées ont été reconnues par l'influente presse anglo-saxonne et le premier vinificateur du négoce Christophe Briotet a remporté à plusieurs reprises le titre de « Winemaker de l'année », décerné par l'International Wine Challenge. Les nuits-saint-georges font sensation, de même que les appellations plus discrètes, comme les hautes-côtes, dont fait partie ce Charmont blanc. De ses terres fraîches mais bien exposées, il extrait une texture et une aromatique toniques, faites de fleurs d'aubépine, de fougères, de bergamote et de citron confit. « Un blanc typique des Hautes Côtes », résume Laurent Delaunay, qui a pour projet de développer ce genre d'approche parcellaire dans son vignoble de cœur.

Maison Edouard Delaunay | 39 rue de Beaune, 21220 L'Étang-Vergy | 03 80 61 53 70 | contact@edouard-delaunay.com | edouard-delaunay.com | Catégorie de prix : **

EDOUARD DELAUNAY
CHARMONT
BOURGOGNE
HAUTES-CÔTES DE NUITS
2021

43 Un blanc en terrasse

Château-Gris Les Terrasses monopole,
AOC Nuits-Saint-Georges

Vigne atypique, vin atypique. Sur les hauteurs de Nuits-Saint-Georges, la maison Albert Bichot exploite une parcelle pas comme les autres. Ce blanc, parmi les rares de l'appellation, prend place sur des terrasses aux abords du château Gris. « Le relief est particulièrement accidenté, avec beaucoup de dévers. Y faire entrer un tracteur serait trop dangereux. Ainsi, nous travaillons à cheval, à pied, ainsi qu'avec des chenillards, de petits engins motorisés », décrit Matthieu Mangenot, directeur technique de la maison.

Un terrain si particulier qu'on y cultive les ceps sur échalas, c'est-à-dire avec un piquet en bois par pied et sans fils de fer dans les rangs. Une plantation dense qui, associée à une terre caillouteuse et une exposition idéale bien aidée par la réverbération due aux pierres des terrasses, confère au chardonnay un volume exceptionnel. Consistant, charnu, ce vin dévoile une aromatique digne d'une corbeille de fruits blancs, jaunes et exotiques, ainsi que des touches de miel et de fleurs jaunes. Son fond crayeux rappelle ses origines, tandis qu'une nuance vanillée apportée par l'élevage offre un supplément de gourmandise. On ne peut s'empêcher de songer à quelques crus de la vallée du Rhône. Garde possible, sinon recommandée. Voilà un exemple du savoir-faire de cette maison traditionnelle parmi les plus importantes de Bourgogne et qui, contrairement à ce que laisse penser cette cuvée, privilégie les vins frais et tendus. La propriété produit aussi les plus grandes appellations de la côte de Beaune et de la côte de Nuits, ainsi que des mercureys et moulin-à-vent. Sans oublier, bien sûr, son domaine Long-Depaquit à Chablis (voir chap. 8). C'est, enfin, le principal acheteur de la vente caritative des Hospices de Beaune (voir chap. 56) depuis une décennie. Histoire de « rendre un peu tout ce que la Bourgogne nous a donné », confie Albéric Bichot, dirigeant de cette maison familiale, dont il incarne la 6e génération.

Maison Albert Bichot | 6 boulevard Jacques-Copeau, 21200 Beaune | 03 80 24 37 37 | bourgogne@albert-bichot.com | www.albert-bichot.com | Catégorie de prix : ***

ALBERT BICHOT
FONDÉE EN 1831
Château-Gris
NUITS-SAINT-GEORGES - LES TERRASSES
MONOPOLE
RÉCOLTE
2021
1 152 BOUTEILLES
24 MAGNUMS
ALBERT BICHOT PROPRIÉTAIRE

44_Un Nuits qui brille

Les Didiers, cuvée Fagon, 1er Cru,
AOC Nuits-Saint-Georges

Au sud de Nuits-Saint-Georges naissent les pinots noirs parmi les plus charpentés de Bourgogne, réputés pour leur puissance tannique et leur profondeur aromatique. On trouve parmi eux Les Saint-Georges, le « seigneur de Nuits », considéré parfois comme un grand cru oublié, et son voisin Les Didiers, Climat plus discret mais tout aussi passionnant.

Ce monopole des Hospices de Nuits-Saint-Georges donne trois cuvées : Cabet, Jacques Duret et Fagon, cette dernière étant issue des plus vieilles vignes de la parcelle. On en extrait un rouge au caractère bien trempé : les arômes de fruits sont mûrs et profonds, rappelant la burlat bien juteuse, la mûre et le cassis, et s'accompagnent d'accents épicés de type muscade et réglisse. Au toucher, on a un volume ample, charnu, et une structure puissante. Mais attention : rien à voir avec un vin « bodybuildé », dont l'extraction massive vise à impressionner les palais. Ce n'est pas le genre de Jean-Marc Moron, régisseur du domaine aussi discret que talentueux, qui travaille, tel l'horloger, avec l'obsession de la précision et de l'équilibre.

Si le terroir s'exprime avec force, Jean-Marc Moron l'accompagne, le tempère si besoin, mais ne grossit pas le trait. À la clef, une puissance sans lourdeur, des tanins saillants mais feutrés, un fruit mûr mais jamais cuit. Le plus bluffant : après un passage à 100 % en fûts neufs – vente en primeur oblige – ces vins ne trahissent aucune dureté, aucun arôme de « planche » qu'on trouve parfois dans de jeunes cuvées passées sous bois. Tout cela fait que les Hospices de Nuits, qui fonctionnent sur le même modèle que celles de Beaune (voir chap. 56) et appartiennent d'ailleurs au même groupe hospitalier, gagnent en popularité. L'enchère, qui a lieu chaque mois de mars au Clos de Vougeot, n'attirait pas les foules il y a 10 ans de cela. Aujourd'hui, certains vins s'arrachent à des tarifs qui s'approchent de plus en plus de ceux de Beaune. À bon entendeur...

Domaine des Hospices de Nuits-Saint-Georges | 55 rue Henri-Challand, 21700 Nuits-Saint-Georges | 03 80 62 67 04 | ventehospicesdenuits@ch-beaune.fr | hospicesdenuits.com | Catégorie de prix : ****

HOSPICES DE NUITS
HOSPICES DE NUITS
NUITS-SAINT-GEORGES 1er CRU
LES DIDIERS
APPELLATION NUITS-SAINT-GEORGES 1er CRU CONTRÔLÉE
Cuvée Fagon
2009
MIS EN BOUTEILLE À LA PROPRIÉTÉ
DOMAINE DES HOSPICES DE NUITS-ST-GEORGES (CÔTE-D'OR) FRANCE
Contient des sulfites

45 Éloge de la patience

Le Vaucrain, AOC Côte de Nuits-Villages

Telle une rosace, la pièce se déploie en symétrie. Les cercles faits de cuves en bois et inox se succèdent depuis le centre. Lieu unique, la cuverie de la Sablière est devenue l'un des symboles de Louis Jadot, la plus grande maison traditionnelle de Bourgogne. « C'est un endroit qui impressionne toujours. Même après des années sur place, nous ne sommes pas encore blasés », confie Thibault Gagey, directeur général. Le lieu, situé au nord de Beaune, au cœur du fief Jadot, se visite. À côté se trouve la boutique et sa large gamme, bien reconnaissable avec ses étiquettes ornées de la tête de Bacchus, autre symbole de la maison.

En blanc, le bourgogne plaît pour sa fraîcheur citronnée, tandis que le santenay Clos de Malte impressionne par sa verticalité, sa complexité et sa longueur. En rouge, le beaune Clos des Ursules, première parcelle de la maison, est un classique avec sa belle charpente et sa matière concentrée, tandis que le côte-de-nuits-villages surprend par sa puissance. « C'est une appellation méconnue, qui s'étend sur deux secteurs : les villages du sud de Nuits-Saint-Georges et Brochon, au nord de Gevrey », expose Frédéric Barnier, directeur technique de la maison. « Cette parcelle jouxte les 1ers crus de Nuits-Saint-Georges, et d'ailleurs, on en retrouve quelques caractéristiques : des sols très argileux, qui apportent une matière dense, et un sous-sol calcaire très proche, auquel on attribue la finesse. »

La cuvée se révèle en effet sèveuse, structurée par des tanins abondants et bien mûrs, tout en distillant de belles nuances de petits fruits rouges et de réglisse. Autre point commun avec les grands côte-de-nuits : le potentiel de garde. « C'est rare à ce niveau d'appellation mais 15 à 20 ans, ce n'est rien », insiste Frédéric Barnier, qui apprécie particulièrement cette qualité. « Nous faisons partie des maisons qui pensent que les vins ne doivent pas forcément être prêts tôt. Nous croyons à l'intérêt de la garde, et faisons confiance à nos terroirs. »

Maison Louis Jadot | 21 rue Eugène-Spuller, 21200 Beaune | 03 80 22 10 57 | maisonlouisjadot@louisjadot.com | louisjadot.com | Catégorie de prix : **

LOUIS JA
FONDÉE
EN 1859
CÔTE DE NUITS-VILLAGES
"Le Vaucrain"
Appellation d'Origine Contrôlée
2020
LOUIS JADOT
BEAUNE - FRANCE
Domaine Louis Jadot

46 Symbole d'un renouveau

Clos du Vignon, AOC Bourgogne Hautes Côtes de Nuits

Malgré l'absence de hiérarchie entre leurs parcelles, les vignerons des Hautes Côtes le savent : dans leurs terres, certains lieux-dits donnent de meilleurs vins que d'autres. Les Clos du Vignon est l'un de ceux-là. Cette parcelle-monopole de 7 hectares, composée de chardonnay comme de pinot noir, était déjà plantée de vignes au XIIe siècle. « On sait que c'était la parcelle de l'abbaye voisine, elle était cultivée par les abbesses de l'abbaye du Lieu Dieu, située en contrebas. Elle a été longtemps abandonnée avant d'être replantée par mon grand-père », retrace Nicolas Thevenot.

Une histoire symbolique du renouveau des Hautes Côtes, qui vivent actuellement un âge d'or. « C'est un coteau très pentu, exposé plein sud, et protégé des vents du nord par une forêt. Cette situation garantit aux baies une maturité optimum. La partie plantée en blanc dispose d'un sol d'argile jaune sur un sous-sol très calcaire, l'idéal pour le chardonnay. » C'est d'ailleurs l'un des premiers chardonnays des Hautes Côtes, jadis spécialisées dans les cépages plus productifs qu'étaient le gamay et l'aligoté.

Dans le verre, le nectar est un régal immédiat. Spontané, expressif et énergique, il dévoile un fruité gourmand (agrumes, fruits blancs ou jaunes selon les années), une pointe d'onctuosité, le tout sous-tendu par un fond frais et salin. L'élevage, réalisé pour un tiers en fûts neufs, un tiers en fûts anciens et un tiers en cuve inox, apporte un boisé bien fondu, qui peut dévoiler quelques nuances de fruits à coque. Quant à sa belle allonge, elle en fait un allié non seulement de l'apéritif, mais aussi du repas. On le servira sans hésiter pour escorter un poisson blanc et sa sauce meunière, une darne de saumon en papillote ou même un fromage montagnard – « comme un comté jeune ou un reblochon fermier », recommande Nicolas Thevenot. Version rouge, le Clos offre un profil pulpeux et gourmand, bien rafraîchi par des notes acidulées.

Domaine Thevenot Le Brun | 36 Grande Rue, 21700 Marey-lès-Fussey | 03 80 62 91 64 | domaine@thevenot-le-brun.com | thevenot-le-brun.com | Catégorie de prix : *

vigneron indépendant
CLOS DU VIGNON
(Extrait de Textes Anciens)
DOMAINE THEVENOT-LE BRUN
2021
BOURGOGNE
HAUTES CÔTES DE NUITS
"CLOS DU VIGNON"
APPELLATION BOURGOGNE HAUTES CÔTES DE NUITS CONTRÔLÉE
CHARDONNAY
Mis en bouteille par
Domaine THEVENOT-LE BRUN
Propriétaires à 21700 Marey-lès-Fussey, Côte-d'Or - France
PRODUCE OF FRANCE - VIN DE BOURGOGNE - CONTAINS SULFITES

47_Rouge de plaisir

L'Âge Mûre, AOC Bourgogne Hautes Côtes de Nuits

Mûre comme le fruit ? Ou comme la maturité ? Les deux, mon général ! Le jeu de mots convient à ce vin au toucher rond et aux notes généreuses de fruits rouges et noirs (cerise, mûre, cassis), bien complété par quelques nuances florales (pivoine) et boisées (cacao). Un pinot joyeux, franc, primesautier. Et issu de l'assemblage de deux vieilles vignes des Hautes Côtes de Nuits. Des vignes larges et hautes, plantées à 3 300 pieds par hectare, c'est-à-dire trois fois moins que sur la Côte.

C'est comme cela qu'on reconnaît les Hautes Côtes : le droit de planter à ces faibles densités qui changent largement le paysage. On découvre alors de grandes allées enherbées de plusieurs mètres entre chaque rang, là où les vignes de la Côte ne laissent qu'un petit chemin. Ce mode cultural induit plusieurs avantages : plus de feuillage pour protéger la vigne des sécheresses, des conditions de travail plus agréables pour les ouvriers viticoles, une mécanisation plus simple et une moindre sensibilité au gel. À tel point que les villages de renom commencent à s'en inspirer.

Mais revenons au domaine Bonnardot. Bien connue des Hautes Côtes, la propriété familiale poursuit actuellement sa route avec Danièle Bonnardot aux manettes des vinifications depuis 2009. La vigneronne opte pour une culture très raisonnée, et a entamé sa conversion bio en 2021. Les vinifications, de leur côté, sont très peu interventionnistes : collages et filtrations sont en général évités, et les doses de soufre largement réduites. Tout cela concourt à cette fameuse « buvabilité » du vin, sa capacité à être apprécié rapidement, voire à donner une sensation désaltérante. Depuis son fief de Villers-la-Faye, le domaine aime accueillir les visiteurs. L'un d'entre eux s'est particulièrement fait remarquer il y a de cela plusieurs générations : le chanoine Kir, maire de Dijon, qui venait ici chercher le vin destiné à son apéritif à base d'aligoté et de liqueur de cassis, nommé depuis… le kir.

Domaine Bonnardot | 1 rue de l'Ancienne-Cure, 21700 Villers-la-Faye |
03 80 62 91 27 | domaine.bonnardot@wanadoo.fr | bonnardot.fr |
Catégorie de prix : *

DOMAINE BONNARDOT
BOURGOGNE
HAUTES-CÔTES DE NUITS
APPELLATION BOURGOGNE HAUTES-CÔTES DE NUITS CONTRÔLÉE
"L' Âge Mûr"
2021
MIS EN BOUTEILLE AU DOMAINE BONNARDOT

48 La vigne qui cache la forêt

Les Chagniots, AOC Bourgogne Côte d'Or

Malgré sa situation idéale à la frontière entre côte de Nuits et côte de Beaune, son manoir au cœur des vignes et sa production qui s'étend sur 125 parcelles réparties sur 15 villages, de Gevrey à Puligny, le domaine d'Ardhuy demeure relativement discret. Créé par Pierre André durant l'entre-deux-guerres, il fut développé par sa fille Eliane, qui entre temps s'était mariée avec l'agronome et œnologue du domaine Gabriel Liogier d'Ardhuy. Le couple eut sept filles, qui ont pris désormais le relai, accompagnées par le régisseur Vincent Bottreau.

La parcelle de cœur de la famille, c'est le Clos des Langres, vigne entourant le manoir familial de Corgoloin. Déjà plantée par les moines de Cluny au Xe siècle, la parcelle est désormais le monopole du domaine – et sa fierté. Y naît un côte-de-nuits-villages rouge apprécié pour ses arômes puissants de fruits rouges et noirs, ses tanins abondants mais feutrés et son fin boisé. Cette recherche de gourmandise se retrouve dans le reste de la gamme, et notamment en face, avec la parcelle de bourgogne côte-d'or Les Chagniots. Il s'agit d'un pinot souple, aux intenses senteurs de fruits rouges et aux tanins fondus. Le boisé, peu marqué grâce à l'élevage équilibré entre fûts de chêne et foudres, apporte de subtiles notes poivrées et cacaotées. À ce niveau de qualité, c'est sûrement l'un des rouges les plus abordables de la côte de Nuits.

Citons aussi l'autre monopole du domaine, le ladoix Clos des Chagnots. La proximité orthographique avec la cuvée précédente ne vous aura pas échappé. En effet, l'origine est la même : ces toponymies viennent du vieux français « châgne » (le chêne), arbre qui, on l'imagine, devait pousser abondamment près des vignes fut un temps. Ce Chagnot-là, situé au pied de la colline de Corton, enfante un pinot noir séducteur, aux tanins gras et, là encore, à l'intense parfum de fruits rouges.

Domaine d'Ardhuy | Le Clos des Langres, 21700 Corgoloin | 03 80 62 98 73 | domaine@ardhuy.com | ardhuy.com | Catégorie de prix : **

d'A
DOMAINE
D'ARDHUY
VIN DE BOURGOGNE
2021
BOURGOGNE
CÔTE-D'OR
Les Chagniots
APPELLATION D'ORIGINE CONTRÔLÉE

49_De père en filles

Les Corvées, 1er Cru, AOC Ladoix

Dans le milieu du vin, la notion du temps n'est pas la même qu'ailleurs. Pour abîmer une réputation, quelques mois suffisent. Pour en créer une, des décennies sont nécessaires. C'est dans ce contexte que s'inscrit l'histoire de Ladoix-Serrigny. Cette porte nord de la côte de Beaune, au pied de la colline de Corton, fait encore peu parler d'elle alors qu'elle produit depuis longtemps rouges et blancs parmi les plus séduisants de Bourgogne. La faute à une histoire qui a privilégié son voisin, le village d'Aloxe-Corton, dont les expositions solaires ont toujours donné des vins bien plus mûrs et expressifs. « Jusqu'à la première moitié du XIXe siècle, les œnologues de la Côte-d'Or gardaient le silence sur ce pays ou se contentaient d'une simple mention », relevaient les auteurs Danguy et Aubertin dans leur ouvrage *Les Grands Vins de Bourgogne*, en 1892.

Aujourd'hui, en période de réchauffement climatique, la donne a bien changé. On s'intéresse davantage à ces terroirs frais, bien que leur réputation n'ait pas encore suivi leur qualité. Le domaine Chevalier fait partie des meilleurs représentants du lieu. Chloé, Julie et Anaïs, qui ont pris la suite de leur père Claude, tirent de leur fief des nectars aussi amples que raffinés. Dans ce ladoix 1er Cru Les Corvées, un fruit bien mûr (cerise burlat, fraise des bois) allié à un boisé très maîtrisé laisse une impression de complexité. Côté structure, le toucher est moelleux, le grain de tanin d'une grande finesse et la persistance impressionnante. Des caractéristiques qui collent bien au style du domaine : des textures veloutées, des tanins soyeux et des longueurs hors normes.

Le résultat du travail pointu de la famille, à la vigne comme en cave : vendange à maturité maximale, tri sévère, extractions lentes pour obtenir arômes et textures élégants, élevages longs avec peu de bois neuf, et opérations de filtration et collage évitées au maximum. Côte de Beaune discrète, mais côte de Beaune incontournable.

Domaine Chevalier | 2 Grande Rue de Buisson, 21550 Ladoix-Serrigny | 03 80 26 46 30 | domaine-chevalier.fr | Catégorie de prix : **

CHEVALIER
2021
2021
VIN DE BOURGOGNE
DOMAINE CHEVALIER
PRODUIT
DE FRANCE
LADOIX 1ER CRU
LES CORVÉES
APPELLATION LADOIX 1ER CRU CONTRÔLÉE
RÉCOLTÉ, ÉLEVÉ ET MIS EN BOUTEILLE À LA PROPRIÉTÉ
VIGNERON-PROPRIÉTAIRE A LADOIX-SERRIGNY, CÔTE-D'OR, FRANCE

50 Puissance minérale

Les Combottes, AOC Pernand-Vergelesses

La côte de Beaune a ses villages stars, et quelques appellations plus en retrait, au sens géographique comme symbolique. Pernand-Vergelesses fait partie de celles-là, avec son relief accidenté, niché entre deux combes menant aux Hautes Côtes. Ses vieilles bâtisses en pierre et les tuiles vernissées de son église méritent un coup d'œil, tout comme ses vins. Blancs et rouges offrent des profils complexes, souvent frais et minéraux, à l'image de ce Combottes, situé sur les pentes difficiles de la combe nord.

Ici, les vents rafraîchissent les pieds de chardonnay, dont les racines profitent de marnes blanches, ce mélange de calcaire et d'argile. Un élément « toujours présent dans les grands terroirs du village », souligne Vincent Rapet. D'où ce profil salivant et pierreux, qu'on apprécie pour son attaque franche comme pour sa longueur. De manière générale, les Rapet ne demandent pas aux vins de sortir les muscles, mais de traduire un terroir. On se régale aussi avec le Sous Frétille, parcelle qui domine le village, ou l'Île de Vergelesses, référence rouge de l'appellation.

En face, la colline de Corton fait aussi partie des spécialités du vigneron. Son corton-charlemagne (blanc) possède une allonge sans fin, son corton-pougets (rouge) convainc par ses tanins de velours. L'un comme l'autre paraissent encore jeunes après 15 ans de cave. Si ces vins vieillissent avec bonheur, c'est grâce à leur terroir, mais aussi parce qu'ils ne sont jamais brusqués. « Nous prenons du temps entre chaque opération. Au moins deux mois séparent soutirage, filtration et mise en bouteilles. Cela permet de laisser le vin se reposer », confie Vincent avec le calme qui le caractérise. Modeste, le vigneron omet l'extrême précision du travail réalisé : un savoir-faire transmis et affiné depuis de nombreuses générations par sa famille vigneronne. « Le domaine est très ancien, on a retrouvé un tastevin [coupelle métallique dans laquelle on dégustait à l'époque] au nom de la famille daté de 1765. »

Domaine Rapet Père et Fils | 2 place de la Mairie, 21420 Pernand-Vergelesses | 03 80 21 59 94 | contact@domaine-rapet.com | domaine-rapet.com | Catégorie de prix : **

Pernand-Vergelesses
Appellation Pernand-Vergelesses Contrôlée
Les Combottes
Domaine
RAPET
Père & Fils
GRAND VIN DE BOURGOGNE

51 La patience récompensée

AOC Corton-Bressandes Grand Cru

Corton est le seul grand cru rouge de la côte de Beaune. À l'image des blancs, le pinot noir de la légendaire colline se décline en plusieurs identités. Au sud, Les Chaumes, Les Grèves ou encore Les Perrières, réputés pour leur style robuste. Au nord, Les Rognets et Les Vergennes, fins et moins concentrés. Enfin, au centre, « on trouve Les Bressandes, Le Clos du Roi et Les Renardes, pour moi les trois grands », soutient Pierre Cornu, vigneron du domaine du même nom. « Dans les cortons, ce sont certainement les plus élégants et les plus complexes. Je trouve qu'ils ont la charpente, la complexité du sud et la finesse du nord », estime ce propriétaire d'une parcelle de Bressandes, « le fleuron du domaine ». Un grand cru à ne pas déboucher trop tôt, au risque de froisser cet amoureux des terroirs. « Pour qu'un corton s'exprime, je conseille au moins 5 à 12 ans. Si on a une bonne cave, 15 à 20 ans c'est souvent très bien. La patience sera récompensée ! »

La dégustation récente d'un 2005 par le très chanceux auteur de ces lignes lui donne raison : c'est une explosion de saveurs ! Des petits fruits rouges, bien en chair, s'expriment avec fraîcheur et précision, rehaussés d'accents poivrés, tandis qu'une structure tannique ample et polie soutient l'ensemble. La présence en bouche et la persistance impressionnent. À l'aveugle, on ne lui donne pas son âge, tant les nuances tertiaires (cuir, sous-bois, truffe…) font à peine leur apparition. De quoi envier le vigneron quand il confie cette anecdote : « Mon père a commencé la mise en bouteilles de cette cuvée en 1959. Il nous en reste un peu, et nous en ouvrons une tous les ans à Noël. Parfois, nous avons de très belles surprises. » Le style de vinification de la famille : avec parcimonie et précision, dans des cuves parfois minuscules, destinées à un travail micro-parcellaire rigoureux. On comprend dès lors la justesse de cette cuvée, comme celles de Chorey, Aloxe, ou encore Ladoix, le berceau du domaine Cornu.

Domaine Edmond Cornu et Fils | 6 rue du Bief, 21550 Ladoix-Serrigny | 03 80 26 40 79 | domaine@cornu-ladoix.fr | bourgogne-vigne-verre.com | Catégorie de prix : ****

AINE —
RNU & FILS
2021
GRAND VIN DE BOURGOGNE
Corton-Bressandes
Grand Cru
Appellation Corton-Bressandes Grand Cru Contrôlée
Edmond CORNU & Fils
Mis en Bouteille au Domaine

52 À la racine des cortons

AOC Corton-Charlemagne Grand Cru

On s'attaque là à un monument, à plus d'un titre. Le corton-charlemagne joue, bien sûr, dans l'élite des chardonnays de Bourgogne au classement des blancs les plus prisés du monde, juste après les vins du Montrachet. Mais la légendaire colline de Corton – qui enfante aussi des pinots noirs de grande classe (voir chap. 51) – est relativement vaste, et l'on y trouve nombre d'expressions du grand cru, toutes imprégnées d'histoires familiales diverses. Parmi elles, une se distingue : celle des Latour.

« Mon arrière-grand-père a eu la bonne intuition après la crise phylloxérique. Il a été le premier à planter massivement du chardonnay sur la colline », témoignait Louis-Fabrice Latour, qui a laissé un grand vide en Bourgogne après son décès prématuré en septembre 2022. Le dirigeant de la maison, respecté par la profession, portait en son cœur ce domaine, avec ses près de 11 hectares de grand cru, ses points de vue à couper le souffle, son bois et sa croix. Les corton-charlemagne de la maison Latour, exposés plein sud, ont ce côté solaire qui ne fait que renforcer l'expression riche et charnue du Climat. Mûrs et généreux, ces chardonnays offrent des effluves de fruits jaunes et blancs, d'herbes aromatiques et de beurre dans leur jeunesse. Avec l'âge, des nuances de miel, de fruits secs et d'épices douces se révèlent. Si vous avez la chance de trouver un 1999, vous vous abandonnerez à sa sublime robe paille, sa fraîcheur au palais et sa richesse aromatique, sur des notes pâtissières de brioche, de noisette ou encore de pistache… Quelle que soit l'année, prévoyez un repas digne de son rang : crustacés et belles volailles en sauce lui feront honneur.

La maison Latour, première propriétaire de grands crus en Bourgogne, est aussi une ambassadrice des cépages régionaux. Elle cultive pinot noir et chardonnay en Beaujolais, dans le Haut-Var, ainsi qu'en Ardèche, où son blanc franc et savoureux est une belle réussite.

Maison Louis Latour | 18 rue des Tonneliers, 21200 Beaune | 03 80 24 81 00 | contact@louislatour.com | louislatour.com | Catégorie de prix : ****

LOUIS LATOUR
DOMAINE
LOUIS LATOUR
GRAND VIN DE BOURGOGNE
2019
Corton-Charlemagne
GRAND CRU
APPELLATION CORTON-CHARLEMAGNE CONTROLÉE
MIS EN BOUTEILLE A BEAUNE PAR LOUIS LATOUR NÉGOCIANT-ÉLEVEUR
LOUIS LATOUR, A BEAUNE - CÔTE-D'OR - FRANCE
PRODUIT DE FRANCE

53_La vigne du seigneur

Savigny-Dominode, 1er Cru, AOC Savigny-lès-Beaune

Dans les anciens carnets de compte de la maison – ces grands livres remplis à la plume –, on tombe parmi les noms des clients sur un certain... Voltaire. « Ce n'est pas le seul nom célèbre que l'on retrouve. La maison a été créée en 1750 et est vite devenue réputée », relève Vincent Avenel, directeur actuel. Une date de fondation qui vaut à Chanson une place dans le club fermé des maisons bourguignonnes nées au XVIIIe siècle, avec Champy, Bouchard, Patriarche et Latour.

Cet historique rime, comme souvent, avec un patrimoine hors du commun. Chanson élève ses cuvées dans le bastion de l'Oratoire, une imposante tour située dans le centre historique de Beaune. La bâtisse, à vocation d'abord militaire, bénéficie de murs très épais – jusqu'à 8 mètres – et de quantité de petites pièces fortifiées, autant de caves à fûts aujourd'hui. Vincent Avenel apprécie ces « excellentes conditions pour les vins, car la température reste constante, et ils voient très peu la lumière ». Pour les équipes, il faut un peu d'expérience avant de se retrouver dans ces frais dédales, visibles à l'occasion d'une visite-dégustation proposée par la maison.

Côté vins , Chanson se distingue par son exceptionnelle proposition de beaunes 1ers crus, avec en tête un monopole : le Clos des Fèves, qui, par sa matière dense et sa grande complexité (les notes de fruits rouges se mêlent à la réglisse, au cacao et aux fleurs), fait assurément partie des plus grands rouges de Beaune. Parmi les cuvées plus discrètes, le Savigny-Dominode tire son épingle du jeu. C'est un pinot noir de caractère, avec de la puissance, des tanins généreux, mais à l'aromatique rafraîchissante (fruits noirs, épices douces et notes florales) et doté d'une belle allonge. Des caractéristiques obtenues notamment grâce à une belle situation de mi-coteau et une fraîche exposition nord-est. Le nom du lieu vient de *dominus*, « seigneur » en latin, car la vigne appartenait jadis au seigneur de Savigny. Qu'en aurait pensé Voltaire ?

Domaine Chanson | 10 rue Paul-Chanson, 21200 Beaune | 03 80 24 17 42 | caveau@domaine-chanson.com | domaine-chanson.com | Catégorie de prix : ***

DOMAINE
CHANSON
En Bourgogne depuis 1750
AVIGNY-DOMIN
PREMIER CRU
2017
DOMAINE
CHANSON
En Bourgogne depuis 1750
SAVIGNY-DOMINODE
PREMIER CRU
2017

54 Élevé comme un grand cru

Les Moutots, AOC Bourgogne aligoté

Quand on pense blanc de Bourgogne, on pense chardonnay. Aligoté, beaucoup moins. Pourtant, le cépage autochtone revient en force ces dernières années, plébiscité pour son profil digeste et ses atouts face au réchauffement climatique. Longtemps considérés comme verts et acides, bons à marier avec une crème de cassis, les aligotés de Bourgogne perdent peu à peu cette réputation, gagnant au passage le statut de cépage noble.

La maison Jean-Claude Boisset l'a compris, allant jusqu'à produire deux aligotés parcellaires : La Corvée aux Moines et Les Moutots. Ce dernier, un Climat de la partie basse de Chorey-lès-Beaune, est doté de plants fins des années 50. Un « aligoté hors d'âge », plaisante Grégory Patriat, le viniculteur de la maison. Son profil très frais et droit est ponctué de touches gourmandes, tantôt beurrées, tantôt salines. Cette complexité, la cuvée la doit à son cépage, mais aussi au travail réalisé en cave. « Le moût est entonné en fûts, fermente à l'intérieur grâce aux levures indigènes, et part pour 18 mois d'élevage. On réserve le même traitement à nos corton-charlemagne », assume l'œnologue. Alors que la traditionnelle pièce bourguignonne contient 228 litres, les tonneaux utilisés par Grégory Patriat en font 450, un volume « qui met davantage en perspective le terroir et la minéralité ».

La cave se trouve sur le site des Ursulines, le siège de la maison, un édifice qui vaut le coup d'œil. Sous son toit végétalisé s'épanouissent de grandes pièces, dont une cuverie d'architecte tout en rondeurs, où la lumière perce à travers un vitrail. On y trouve, aux côtés des Moutots, les plus grandes appellations de Bourgogne. Rien de plus normal, car la maison Jean-Claude Boisset, « négoce haute-couture », est la tête de proue de la famille homonyme, qui possède d'autres propriétés : le prestigieux domaine de la Vougeraie à Premeaux-Prissey (voir chap. 36) ou encore Louis Bouillot, une des références du crémant de Bourgogne.

Maison Jean-Claude Boisset | 5 chemin des Plateaux, 21700 Nuits-Saint-Georges | 03 80 62 61 61 | contact@boisset.fr | jeanclaudeboisset.com | Catégorie de prix : *

JEAN-CLAUDE BOISSET
JEAN-CLAUDE BOISSET
BOURGOGNE ALIGOTÉ
APPELLATION BOURGOGNE CONTRÔLÉE
LES MOUTOTS
2021
FRANCE

55_Comme un goût d'histoire

AOC Chorey-lès-Beaune

1720 : Louis XV dirige la France et la maison Champy voit le jour à Beaune. Bienvenue dans la plus vieille maison de Bourgogne ! Si le négoce trois fois centenaire a su traverser les époques et les crises, c'est probablement grâce à un sens aiguisé de l'histoire, ses dirigeants étant bien souvent montés les premiers dans le wagon de la modernité.

« Après la Révolution, Edme Champy est l'un des premiers Bourguignons à comprendre le potentiel commercial de son vignoble. À l'époque, les bourgognes se consomment essentiellement sur place, et il a l'idée novatrice de transporter l'un de ses fûts sur une charrette jusqu'en Belgique. Ce sont les débuts de l'exportation de nos vins », relate Dimitri Bazas, directeur technique actuel de la maison. Au XIXe siècle, Champy a toujours cette audace. « Nous présentons alors les vins, chose inédite à l'époque, lors d'expositions universelles. » Encore mieux : la maison fait confiance aux disciples de Gustave Eiffel pour concevoir son site de production et accueille Louis Pasteur pour qu'il puisse mener ses expériences sur la conservation des vins.

Désormais propriété du groupe Advini, Champy fait vivre cet héritage, qui lui a fait gagner le label « Entreprise du patrimoine vivant ». Sur place, on peut visiter un parcours scénographique dédié à cette riche histoire. Côté vins, la large gamme a de quoi satisfaire tous les palais. Parmi les gloires de la maison, les grands cortons, ou encore les pernand-vergelesses rouges, dont le très racé Clos de Bully. Mais aussi des lieux plus discrets comme Chorey-lès-Beaune, peut-être le village le moins renommé de la côte de Beaune. Pour un coût raisonnable, on y trouve des rouges aboutis, plutôt sur la gourmandise et la rondeur, à l'instar de cette cuvée. « C'est un assemblage de parcelles de coteaux et de plaines », précise Dimitri Bazas, et l'on comprend alors l'équilibre de ce pinot au fruit intense et charmeur (framboise, myrtille) et aux tanins généreux. La maison historique sait vivre l'instant présent.

Maison Champy | 12 place de la Halle, 21200 Beaune | 03 80 23 75 21 | boutique.champy@maisonchampy.com | maisonchampy.com | Catégorie de prix : **

2020
- 1720 -
MAISON CHAMPY
LA PLUS ANCIENNE MAISON DE BOURGOGNE
- 1720 -
CHOREY LES BEAU
APPELLATION CHOREY LES BEAUNE CONTRO
GRAND VIN DE BOURGO

56_L'hôpital vigneron

Cuvée Guigone de Salins, 1er Cru, AOC Beaune

Ce sont les enchères les plus célèbres du mondovino : chaque troisième dimanche de novembre, les cuvées fraîchement vinifiées du domaine des Hospices de Beaune sont proposées à des acheteurs venus des cinq continents. On assiste alors à des batailles d'enchères mémorables, en particulier ces dix dernières années, qui ont vu les records se succéder. Prix moyen de la « pièce » (tonneau de 228 litres) en 2023 : près de 31 000 euros.

Bien sûr, la rareté et la possible spéculation motivent certains acheteurs de Bourgogne, d'Angleterre, de Chine ou encore des États-Unis. Mais la qualité des vins n'y est pas pour rien : le domaine bénéficie d'importants moyens, et le soin apporté à la vendange puis au nectar par la régisseuse Ludivine Griveau fait de ces flacons de grands bourgognes de garde. La cuvée Guigone de Salins, assemblage de trois 1ers crus de Beaune, fait partie des plus emblématiques, et des meilleures. Ce pinot noir joue de richesse autant que de subtilité, avec son bouquet complexe et ses tanins soyeux. Sa matière concentrée supporte sans peine son passage dans un fût de chêne neuf. Pour s'en procurer, rendez-vous chez les négociants bourguignons, à qui les acheteurs ont confié l'élevage du vin primeur.

Le prix de la bouteille peut paraître démesuré. Sauf, peut-être, si l'on considère l'histoire de l'institution. En 1443, le richissime chancelier du duc de Bourgogne Nicolas Rolin veut « sauver son âme ». Il crée ainsi, avec son épouse Guigone de Salins, un hôpital pour les « pôvres » : les hospices de Beaune. Mais la bâtisse aux tuiles vernissées soigne aussi les patients fortunés et reçoit leurs dons, comprenant des vignes. Ces parcelles servent vite à financer l'activité, faisant naître le concept d'hôpital-vigneron, qui fonctionne toujours : le résultat stratosphérique de la vente revient encore aujourd'hui à l'hôpital de Beaune, désormais seul établissement du genre non déficitaire en France.

Domaine des Hospices de Beaune | Avenue Guigone-de-Salins, 21203 Beaune | ventehospicesdebeaune@ch-beaune.fr | domaine.hospices-de-beaune.com | Catégorie de prix : ****

Hospices de Beaune
BEAUNE
Premier Cru

57 Jardin suspendu

Pussey, AOC Bourgogne Hautes Côtes de Beaune

Luc Bourgogne. Ce nom n'était-il pas prédestiné ? « Cela m'a plus desservi qu'autre chose. Certains clients ont cru à une grosse ficelle commerciale ! », plaisante le propriétaire du domaine Bourgogne-Devaux, qu'il tient avec son frère Fabrice. Luc et Fabrice ont fait renaître ce domaine familial en rachetant une partie des vignes vendues par leur tante. Quant au patronyme Devaux, il fut ajouté en hommage à leur grand-père.

Mais les frères ont un autre emploi à côté. Luc est banquier. « Pour faire simple, je travaille la semaine au bureau et le week-end dans les vignes. Notre vie, c'est le travail, mais on adore ça ! » Et Fabrice travaille aux Hospices de Beaune (voir chap. 56). Ainsi, le domaine Bourgogne-Devaux s'étend sur à peine plus de 4 hectares. Un jardin donc, choyé par les deux frères qui tiennent à la vinification parcellaire, encore assez rare dans les Hautes Côtes. « Nous vinifions six lieux-dits différents en Hautes Côtes de Beaune. À force, on oublie même que l'on fait du hautes-côtes-de-Beaune. C'est une grande appellation avec des terroirs très divers, et nous tenons à mettre cela en valeur. C'est une vision qualitative de nos terroirs, qui ont souffert par le passé de préjugés négatifs. »

Foin des préjugés avec le lieu-dit Pussey, une franche réussite. Ce pinot noir associe gourmandise et souplesse, offrant un fruit charnu (cerise noire, mûre), accompagné d'accents floraux et poivrés issus d'une vinification en vendange entière, avec les grappes. L'ensemble est élevé en fûts, « avec très peu de fûts neufs ».

La famille Bourgogne exerce aussi ses talents du côté de Pommard, où elle exploite quatre Climats. Mentionnons Les Vignots pour ses tanins poudrés et ses notes appétentes de fruits rouges et de cacao ou encore le pommard village, assemblage apprécié pour son volume et sa générosité aromatique.

Domaine Bourgogne-Devaux | 2 chemin de Mavilly, 21190 Meloisey |
03 80 26 04 02 | domaine.bourgogne@gmail.com | domaine-bourgogne-devaux.com |
Catégorie de prix : *

Domaine Bourgogne-Devaux
Bourgogne
Hautes-Côtes de Beaune
Appellation Bourgogne Hautes-Cotes de Beaune Contrôlée
Pussey
2020
Vin de Bourgogne

58 Bijou de famille

Clos des Mouches, 1er Cru, AOC Beaune

Ceci n'est pas un vin : c'est une histoire. Celle de Maurice Drouhin, dont le flair a fait mouche en 1921. Cette année-là, le négociant avait commencé à acheter, parcelle par parcelle, un terrain de 14 hectares à la limite sud de Beaune, non loin de Pommard. Son nom : le Clos des Mouches, du nom des « mouches à miel », les abeilles, dont les ruches parsemaient la parcelle au Moyen Âge. Cette terre, peu se la disputaient pendant cet entre-deux-guerres où le bourgogne se vendait mal. Mais Maurice Drouhin a subodoré la valeur d'un Climat complexe, « dix terroirs en un terroir », résume son petit-fils Frédéric Drouhin, aujourd'hui propriétaire aux côtés de sa sœur Véronique et de ses frères Philippe et Laurent.

Pas à pas, la famille a affiné les cuvées – un pinot noir, un chardonnay – pour en faire les fers de lance de la maison. Le Clos des Mouches blanc est complexe et charnu, offrant toute la palette aromatique de son cépage. Le rouge est structuré, aux tanins ronds et au fruit éclatant. Par pitié, ne les ouvrez pas trop jeunes : l'un comme l'autre sont taillés pour la garde.

Aujourd'hui, il n'est pas aisé de se procurer ces flacons, victimes de leur succès. Alors on se rabat volontiers vers un chorey-lès-beaune ou un rully blanc, deux belles cuvées parmi les plus accessibles de la gamme. Car les Drouhin ne délaisseront jamais une « petite appellation ». Dans la plus familiale des maisons beaunoises, les vins sont comme des enfants : choyés de la vigne à la bouteille et surveillés avec bienveillance par trois générations, chacune apportant sa pierre. Il n'empêche, le Clos des Mouches et sa vue imprenable sur Beaune gardent la place du chouchou. Véronique en témoigne : « C'est là que nous avons commencé à expérimenter la biodynamie, aujourd'hui pratiquée sur tout le domaine. C'est aussi là que l'on vient se ressourcer, pour un pique-nique, ou en fin de journée, pour puiser l'inspiration. » Avec, toujours, une pensée pour Maurice.

Maison Joseph Drouhin | 7 rue d'Enfer, 21200 Beaune | 03 80 24 68 88 | maisondrouhin@drouhin.com | m.drouhin.com | Catégorie de prix : ****

DROUHIN
DE BOURGOGNE
Joseph Drouhin
Beaune
Clos des Mouches
MIS EN BOUTEILLE PAR
JOSEPH DROUHIN
A BEAUNE, CÔTE-D'OR, FRANCE, AUX CELLIERS DES
ROIS DE FRANCE ET DES DUCS DE BOURGOGNE

59_L'emblème de Pommard

Clos des Épeneaux, 1er Cru, AOC Pommard

C'est un cas particulier en Bourgogne, et ô combien intéressant. Au royaume du terroir, où le respect du lieu conduit à une mosaïque de parcelles et donc de cuvées, rares sont les grandes vignes d'un seul tenant, qui plus est en 1er cru. C'est pourtant le cas du Clos des Épeneaux, qui s'étend sur 5,23 hectares et qui fait rêver plus d'un amateur de pinot noir. Aujourd'hui propriété du comte Armand, la parcelle se déploie au bas du coteau nord de Pommard, non loin de Beaune. Une belle situation, œnologiquement parlant. D'autant plus que cette surface hors norme, cultivée en biodynamie, recèle une grande complexité avec ses multiples terroirs en un.

La partie composée de jeunes vignes donne un jus fruité et puissant ; une autre comprenant des pinots fins aux petits rendements apporte finesse et accents épicés, tandis qu'un troisième secteur, très argileux, aux ceps presque centenaires, confère une matière très dense. Toutes sont vinifiées à part, avant assemblage. Résultat final : un pinot gourmand, complexe et complet, au fruit débonnaire (cerise burlat, mûre, quetsche) et aux arômes d'épices (réglisse, muscade) envoûtants, sans oublier une subtile salinité. Tout pour faire un grand vin de garde.

Derrière sa vinification, Paul Zinetti, amateur de cette vision élargie du terroir, qui « confère de la complexité ». Ses secrets ? Une vendange égrappée et « un peu d'instinct », confie-t-il, ce qu'il faut traduire par « beaucoup de travail ». Le vinificateur déguste plusieurs fois par jour, et est capable d'adapter ses choix en cours de vinification, afin de révéler au mieux le potentiel du cru. Sans oublier la patience. Ni collé, ni filtré, le Clos des Épeneaux trouve la pureté de sa robe grâce à un long temps d'élevage. Un emblème de la Bourgogne, au même titre que ses alter egos, parmi lesquels le Clos des Mouches (voir chap. 58), le Clos de la Perrière (voir chap. 29), le Clos des Lambrays, ou encore le Clos de Tart. Jolie famille !

Domaine Comte Armand | 7 rue de la Mairie, 21630 Pommard | 03 80 24 70 50 | epeneaux@domaine-comte-armand.com | domaine-comte-armand.com | Catégorie de prix : ****

Comte Armand
2018
Pommard
APPELLATION POMMARD 1ER CRU CONTRÔLÉE
CLOS DES EPENEAUX
MONOPOLE
Comte Armand
PROPRIETAIRE A POMMARD (CÔTE-D'OR)-FRANCE

60_Un message dans la bouteille

AOC Pommard

Neveu du vigneron iconique du Beaujolais Marcel Lapierre, Philippe Pacalet s'est installé à Beaune en 2001 avec un *business model* bien à lui : un micro-négoce impliquant un lien étroit avec ses apporteurs de raisin, allant jusqu'à intervenir dans leurs parcelles. « Pour garder mon indépendance financière, je ne voulais pas acheter de vignes. Et je ne trouvais pas non plus à louer dans les appellations souhaitées. J'ai donc convaincu de petits propriétaires de me vendre leur récolte. »

Ce goût de l'indépendance, Philippe Pacalet le cultive partout. Dans son style de vins d'abord. Le « négociant vigneron », comme il aime se définir, apprécie les belles maturités, les sulfitages bas et la vendange entière (la vinification avec la rafle). D'où ces cuvées parmi les plus digestes qui soient, ne saturant ni les papilles ni l'estomac, avec leurs nuances souvent florales et épicées. Bon exemple que ce pommard très délicat, aux tanins cousus de soie et à la minéralité marquée. Le style Pacalet, c'est aussi une verve fleurie. Ainsi, en parlant des sulfites, il assure, un sourire en coin : « Je les remplace par du raisin », soulignant par là qu'une vendange mûre et saine se passe de conservateurs. Mais tempère aussitôt : « Si j'en ai besoin, j'en mets. Le vin est un produit civilisé. Naturel, c'est bien, mais ça ne suffit pas. Je ne suis pas un taliban. » Les talibans de tous bords, ce sont eux que Philippe Pacalet tient à distance avec ses saillies bon enfant. Les idolâtres du bio, les conventionnels radicaux, les prêtres du « sans sulfites » ou encore les apôtres de l'hygiénisme, tous y passent… « Le vin, c'est pour profiter entre copains. Pas pour créer des divisions politiques », martèle le vigneron.

Tout compte fait, les seuls discours qui comptent pour lui sont ceux contenus dans sa trentaine de cuvées. « Chez moi, c'est comme la chanson de Police : *message is in the bottle.* » Reçu 5 sur 5.

Philippe Pacalet | 12 rue de Chaumergy, 21200 Beaune | 03 80 25 91 00 | contact@vins-philippe-pacalet.fr | philippe-pacalet.com | Catégorie de prix : ****

Philippe Pacalet
Pommard
Philippe Pacalet

61_Volnay en majesté

Clos des Ducs, 1er Cru, AOC Volnay

Bien souvent, on peut retracer l'histoire de la Bourgogne grâce à ses noms de Climats, et notamment celui-ci. « La parcelle appartenait aux ducs de Bourgogne, on en retrouve la trace dans des archives du XVIe siècle. Elle est passée aux Angerville début XIXe, avec d'autres vignes. Depuis, le domaine est resté dans la famille », témoigne François Duvivier, bras droit de Guillaume d'Angerville.

Avec ses 16 hectares, dont plus de 11 en 1er Cru à Volnay, la propriété est l'une des grandes références de l'appellation. Celle-ci est réputée pour ses pinots délicats, féminins diront certains, qu'on compare, parfois à raison, aux chambolle-musigny, et qu'on oppose, souvent à tort, aux pommards, réputés plus « musclés ». Très haut, le Clos des Ducs surplombe les autres 1ers crus de Volnay et peut compter sur un terroir d'exception. Pauvre et caillouteux, le sol s'avère toutefois profond et bénéficie d'une composante argileuse avec ses marnes blanches. Le pinot noir en tire une structure solide, une salinité puissante, des arômes riches et enveloppants, ainsi qu'une tension acidulée. Dès ses premières années, sa rémanence impressionne, prouvant que l'on déguste un grand vin.

Les sept autres 1ers crus de la maison valent aussi le détour : le Clos des Angles, tout en dentelle ; le Caillerets, juteux et minéral ; ou encore le Champans, qui charme par son amplitude et ses tanins cousus de soie. Tous traduisent une viticulture fort exigeante, le domaine étant entièrement certifié en biodynamie depuis 2009. Un cap, selon François Duvivier : « Avec la biodynamie, nos vins sont devenus plus digestes, toniques, fluides. Avant, on avait des rouges qui finissaient sur les tanins. Maintenant, on a plutôt des finales acidulées, fraîches... Nos clients professionnels ne parlent plus d'arômes, mais d'émotions. » Le domaine ne reçoit pas, vous trouverez ses volnays chez certains cavistes de Beaune.

Domaine Marquis d'Angerville | Le Clos des Ducs, 21190 Volnay |
03 80 21 61 75 | info@domainedangerville.fr | domainedangerville.fr |
Catégorie de prix : ****

MIS EN BOUTEILLE AU DOMAINE
APPELLATION VOLNAY 1ER CRU CONTRÔLÉE
MONOPOLE
VOLNAY
CLOS DES DUCS
2019
DOMAINE MARQUIS D'ANGERVILLE
PROPRIÉTAIRE-RÉCOLTANT À VOLNAY, CÔTE-D'OR, FRANCE
BOUTEILLE N° XXXX
IL A ETE TIRE DE CETTE CUVEE 78xx BOUTEILLES
VOLLENAY-ANGERVILLE
BOURGOGNE
DUCS

62_Le chouchou des restaurants

AOC Saint-Romain

Quand, depuis Meursault, on emprunte la combe d'Auxey-Duresses, ses quelques kilomètres nous amènent face à une majestueuse falaise qui nous arrache un petit « wahou ! » Bienvenue à Saint-Romain, paradis des randonneurs et des amateurs de vins minéraux. De ces terroirs perchés, les vignerons extraient des chardonnays et des pinots réputés pour leur fraîcheur. Mais le lieu, isolé, a longtemps évolué dans l'ombre.

Le territoire doit beaucoup de sa récente notoriété à l'un de ses vignerons, Alain Gras, qui ne reconnaît pourtant pas aisément son implication. « J'ai simplement fait mon travail du mieux possible », minimise celui qui, dans les années 80, n'a cessé d'aller à la rencontre des clients afin de présenter ses vins et l'appellation. Le saint-romain blanc, sa cuvée signature, plaît pour son profil aérien et son équilibre. Selon les millésimes, il rappelle le citron, les fruits blancs ou les fruits exotiques, mais toujours dans un style désaltérant, avec un fond rocailleux, comme une eau sortie de la roche. Un usage raisonné du tonneau apporte des notes discrètes de pain grillé ou de noisette. « Seulement 20 % de la cuvée passe en fût, afin de ne pas trop marquer. Il s'agit uniquement de fûts neufs, ce qui permet de garder une aromatique précise. » Spécialistes comme néophytes plébiscitent ce chardonnay pour sa spontanéité, lui qui se laisse apprivoiser dès les jeunes années. Ajoutez à cela des prix raisonnables et vous obtenez le profil parfait pour un restaurant. Ce n'est pas pour rien qu'Alain Gras, désormais rejoint par son fils Arthur, est présent sur la carte de plus de 20 établissements triplement étoilés parmi la trentaine que compte la France.

Les particuliers fréquentent également avec assiduité le caveau, qui accueille sur rendez-vous. Le vigneron en semble encore étonné. « Il y a 40 ans, c'était un miracle de vendre un saint-romain. Et aujourd'hui je n'arrive pas à suivre la demande. Si j'avais su ! »

Domaine Alain Gras | 5 rue Sous-la-Velle, 21190 Saint-Romain | 03 80 21 27 83 | contact@domaine-alain-gras.com | domaine-alain-gras.com | Catégorie de prix : **

AG
GRAND VIN DE BOURGOGNE
Saint-Romain
APPELLATION D'ORIGINE CONTRÔLÉE
Alain Gras
MIS EN BOUTEILLE AU DOMAINE
13% vol.
75 cl
2021
SAINT-ROMAIN-LE-HAUT, F. 21190 MEURSAULT - PRODUIT DE FRANCE

63_Spontanées

Ali boit boit et les quarante buveurs,
Vin de France mousseux

Si le Fleur d'Aligoté des Tripoz (voir chap. 110) suit la méthode traditionnelle (celle des crémants et du champagne, soit deux fermentations dont une en bouteille), l'aligoté effervescent de cette maison naît d'une façon bien différente. L'Ali boit boit d'Agnès Paquet est un pétillant naturel ou pet'nat', c'est-à-dire un effervescent qui commence son unique fermentation en cuve et la termine en bouteille. Une méthode apparemment ancestrale qui revient sur le devant de la scène pour sa simplicité, même si celle-ci n'est qu'apparente.

« Les premiers millésimes ont été très périlleux : déviances aromatiques, bouteilles qui explosent… Le pet'nat' paraît simple à faire, mais c'est en fait très compliqué et très technique. Il m'a fallu au moins 5 ans pour comprendre le process et apprendre de mes erreurs successives », raconte Agnès Paquet, aussi spontanée que l'est sa cuvée aujourd'hui. Un vin qui exprime en toute franchise d'intenses arômes fruités (pomme Golden) et quelques nuances mellifères, le tout porté par une bulle généreuse. La fraîcheur naturelle de l'aligoté trouve l'harmonie avec les sucres résiduels. Autre avantage : la méthode produit moins d'alcool, 8 à 9 degrés maximum. « J'ai tenté cela par curiosité, je ne m'attendais pas à un tel succès », témoigne la vigneronne.

Cette *self-made-woman* des Hautes Côtes s'est forgé une solide réputation en partant de rien : ni vigne, ni bâtiment, ni matériel. « Mes parents louaient une parcelle familiale à des vignerons et ont décidé de la vendre. J'ai eu un déclic : il fallait garder ce patrimoine que ma famille avait la chance de détenir. J'ai commencé le domaine en 2000, premier millésime en 2001. Il a fallu près de 15 ans pour que cette machine très lourde soit lancée. Ce fut comme le pet'nat', long et périlleux, mais aussi douloureux. » Le nom de sa cuvée phare, issue de la fameuse parcelle familiale à Auxey-Duresses ? « Patience ».

Domaine Agnès Paquet | 10 rue du Puits-Bouret, 21190 Meloisey |
03 80 26 07 41 | contact@vinpaquet.com | vinpaquet.com | Catégorie de prix : *

ALI
BOIT
BOIT
ET LES
40
BUVEURS
MÉTHODE ANCESTRALE

64 Fraîches pépites

Les Boutonniers, AOC Auxey-Duresses

Oui, on trouve encore de grands chardonnays de la côte de Beaune à des tarifs abordables. Cet auxey-duresses Les Boutonniers en est la preuve. Son profil pur, longiligne, s'exprime avec grâce, avec son toucher crayeux et sa finale citronnée. Quelques notes de pierre à fusil et de vanille ponctuent ce profil raffiné – la fidèle traduction d'un terroir au sol mince, où une vieille vigne s'est implantée, malgré la difficulté, sur une roche affleurante.

Nous sommes ici dans le prolongement géologique de Meursault. Certes, l'argile y est plus rare, les vins moins riches. Mais on y trouve la même typicité des grands Climats blancs. Gilles Lafouge et son fils Maxime, 5e et 6e générations, se revendiquent fervents défenseurs de cette appellation Auxey-Duresses, l'une des plus discrètes de la Côte. « On a de beaux terroirs, mais un déficit de notoriété », estime Gilles, qui tempère : « Les blancs se sont fait une place, mais les rouges ont encore une réputation à construire. Ils ont longtemps été considérés comme rustiques. » En la matière, son auxey 1er Cru La Chapelle devrait chasser bien des préjugés, avec sa texture feutrée et son fruit juteux. « Auxey produit plutôt des pinots de gastronomie : fins, texturés et à l'aromatique pas exubérante », estime Gilles.

Le parler est franc et les mots pesés, comme souvent dans les petits domaines familiaux – ici, 12 hectares – qui se félicitent du succès de leur région, mais n'oublient pas les heures difficiles du passé. Une parcimonie qu'on retrouve dans les pratiques de la propriété. Ici, les extractions se font en douceur, et on trouve une proportion raisonnable de fût neuf, de 10 à 30 % selon les crus. « Cela nous tient à cœur d'avoir des vins fins et élégants », insiste le vigneron qui, malgré ses récents succès à l'export, reste droit comme ses vins. « On tient toujours à recevoir notre clientèle au domaine, il n'y a pas de raison de la laisser tomber. »

Domaine Gilles Lafouge | 1 rue du Pont-Boillot, 21190 Auxey-Duresses | 03 80 21 68 17 | domainelafouge@orange.fr | Catégorie de prix : **

DOMAINE LAFOUGE
2021
AUXEY-DURESSES
APPELLATION AUXEY-DURESSES CONTRÔLÉE
LES BOUTONNIERS
DOMAINE LAFOUGE

65 Trinité dorée

Les Charmes, 1er Cru, AOC Meursault

La Bourgogne viticole, plantée de blancs pour deux tiers, de rouges pour le reste, ne s'est pas toujours organisée ainsi. Le pinot noir a longtemps dominé, notamment dans les appellations blanches d'aujourd'hui. Mais s'il y a bien un village qui a toujours été associé au chardonnay, c'est Meursault. « De la moitié de la production en 1855, ce qui était déjà considérable, la part de blanc est passée à 97 % aujourd'hui », relève l'expert Frédéric Villain dans son livre *Grands vins de Bourgogne : guide des meilleurs crus et Climats de Côte-d'Or au XIXe siècle.*

Et dans cette grande épopée blanche, Meursault a toujours pu compter sur un trio de choc, désigné par certains comme des grands crus oubliés : les Climats Les Perrières, Les Charmes et Les Genevrières. Trois terroirs célèbres, qui, il est vrai, ont une forte personnalité. Les Perrières se distingue par sa minéralité profonde et son exceptionnel potentiel de garde ; Les Genevrières, par son élégance ; enfin, Les Charmes porte bien son nom tant il plaît pour sa spontanéité et sa richesse, se rapprochant ainsi de l'idée qu'on se fait souvent de Meursault.

Celui de François Bitouzet-Prieur ne déroge pas à la règle, se laissant approcher dès les premières années et offrant à la fois consistance et élégance, avec des arômes, selon les millésimes, de fleurs blanches, tilleul, menthe, miel, beurre et vanille, le tout conclu par une finale très persistante et salivante. « Cette cuvée est très représentative de son Climat, car issue d'un assemblage de ses deux parties, Les Charmes-Dessus et Les Charmes-Dessous », précise le vigneron. « Je le décris souvent comme un vin festif comparé à son voisin Les Perrières, que je produis aussi, et qu'on peut qualifier de plus "intellectuel". » En rouge, la propriété produit également les volnays voisins, comme le délicat Les Ansy et le sublime Les Caillerets. Il y a pire vignoble que celui du domaine Bitouzet-Prieur.

Domaine Bitouzet-Prieur | 19 rue de la Combe, 21190 Volnay | 03 80 21 62 13 | contact@bourgogne-vigne-verre.com | bourgogne-vigne-verre.com | Catégorie de prix : ***

PRIEUR
Meursault Charmes
PREMIER CRU
MISE DU DOMAINE
BITOUZET-PRIEUR
VIGNERON À VOLNAY, FRANCE
GRAND VIN DE BOURGOGNE

66 Comme un air de Muscadet

Melon, IGP Sainte-Marie-la-Blanche

Attention, ovni viticole ! Oubliez vos repères avant de goûter à ce blanc. D'abord, nous ne sommes pas en AOC, mais en IGP, signe d'origine au cahier des charges plus souple et peu commun en Bourgogne. Ensuite, vous n'avez pas dans votre verre un chardonnay, mais un melon de Bourgogne. Oui, le cépage phare de l'appellation Muscadet, qui, comme son nom l'indique, est originaire de la « région des ducs », dont il a depuis presque disparu. Enfin, ses producteurs ne sont pas vignerons, mais étudiants de la maison familiale rurale Grandchamp, site de formation professionnelle agricole. Autant de raisons de se laisser tenter.

En bouche, ce blanc se distingue d'emblée par sa fraîcheur, sa vivacité, son côté désaltérant. On perçoit de délicats arômes de fleurs blanches, de Granny Smith et de miel. Voilà un vin bien différent des puissants chardonnays de gastronomie, qu'on ouvrirait plutôt à l'improviste lors d'un apéritif d'été. « Ce sont des vins de plaisir immédiat, pas des vins de garde, car ils ont une tendance oxydative », confirme Sophie Joigneaux, qui encadre les élèves dans la conception de ce vin.

La vigneronne est également propriétaire de son propre domaine au sein de cette IGP Sainte-Marie-la-Blanche, un petit vignoble établi en plaine de Saône, un terroir situé non loin des crus de Côte-d'Or, mais aux caractéristiques bien différentes. Elle y produit des aligotés et pinots noirs souples et friands. « Nous sommes en plaine, dans des sols profonds. Autour de nous, il y a de la forêt ou d'autres cultures. Pourtant, ce vignoble de plaine est un vignoble historique, déjà présent du temps des ducs. » Et un vignoble de liberté : « Comparé aux AOC de la Côte, nous pouvons cultiver davantage de cépages, et les rendements sont plus hauts. C'est aussi une opportunité de s'installer, car, économiquement, cela reste accessible. » Un vignoble qui prend le melon au sens propre, jamais au figuré.

Maison familiale rurale Beaune Grandchamp | 5 rue de la Corvée-de-Mailly, 21200 Ruffey-lès-Beaune | 03 80 26 61 44 | mfr.grandchamp@mfr.asso.fr | mfr-grandchamp.fr | Catégorie de prix : *

2018
MELON
INDICATION GÉOGRAPHIQUE PROTÉGÉE SAINTE-MARIE-LA-BLANCHE
DOMAINE
DE
GRANDCHAMP
Maison Familiale Rurale

67_À l'ombre du Montrachet

Murgers des Dents du Chien, 1er Cru, AOC Saint-Aubin

Rien que son nom mérite un chapitre. Si le mot « murger » (également dit « meurger ») évoque en Bourgogne d'anciens tas de pierre, l'origine de la dénomination « Dents du Chien » est moins claire. On dit que cette rocaille, située en haut de parcelle, faisait penser à des canines. Mais là n'est pas le principal. Le Murgers des Dents du Chien est le blanc de connaisseur par excellence. Peu connu du grand public, le Climat est pourtant situé juste derrière le grand Montrachet et profite donc d'un terroir analogue, bien que plus frais.

Et à la grande différence de son illustre voisin, ses vins sont accessibles au commun des mortels. Nombre de domaines et de négoces aimeraient en avoir dans leur gamme ; pour le domaine Berthelemot, sis à Meursault, le souhait est devenu réalité. On trouve dans leur cuvée les caractéristiques attendues : beaucoup de fraîcheur en bouche et des arômes plus portés sur le terroir que sur le fruit. Un chardonnay élégant et profond, qui ne craint ni une ouverture jeune, ni les années en cave. Malheureusement, la parcelle du domaine a presque intégralement gelé en 2021. Ainsi, il sera difficile de trouver ce vin prochainement.

Qu'importe : le domaine de Meursault possède l'une des plus belles gammes de la côte de Beaune. Son pommard Noizons, ses arômes de baies fraîches, à la structure fine et à la superbe allonge, ou son très complexe Clos des Mouches blanc. Le style de la maison est avant tout porté sur la délicatesse et l'allonge, non sur l'extraction et la puissance. À l'origine de ce parcellaire de rêve, la reconversion de Brigitte Berthelemot, originaire de Paris. Cette passionnée de vin a toujours voulu créer son domaine. Après une tentative à Vouvray, où elle a passé une dizaine d'années, elle a finalement trouvé la perle rare en rachetant les vignes de Jean Garraudet, à Pommard. Depuis, la propriété s'est bien agrandie. Thomas, le fils de Brigitte, a rejoint l'équipe en 2017.

Domaine Berthelemot | 24 rue des Forges, 21190 Meursault |
03 80 21 68 61 | contact@domaineberthelemot.com | domaineberthelemot.com |
Catégorie de prix : **

Domaine Berthelemot
SAINT-AUBIN
1ER CRU MURGERS DES DENTS DE CHIEN
2020
GRAND VIN DE BOURGOGNE
MIS EN BOUTEILLE AU DOMAINE À MEURSAULT
CÔTE-D'OR, FRANCE
Domaine Berthelemot
SAINT-AUBIN
MURGERS DES DENTS DE CHIEN
2020

68_Or accessible

Le Pré aux Dames, AOC Bourgogne Côte d'Or

La Côte-d'Or jouit d'un succès inédit dans le monde du vin. Revers de cette médaille, les prix explosent dans les plus belles appellations, certaines cuvées devenant inaccessibles au commun des mortels, comme certaines pages de ce livre en témoignent. Thiébault Huber, installé à Meursault, au sein de cette côte de Beaune prisée de toute la planète, produit ces fameux pommards, volnays ou encore pulignys désormais hors d'atteinte du consommateur moyen. Mais le vigneron, ancien sommelier, fait partie de ceux qui aiment voir ses vins bus et partagés par le plus grand nombre, par les locaux notamment. Il peut compter pour ce faire sur ses beaux terroirs en appellations régionales.

Des cuvées moins cotées, donc plus abordables, auxquelles il apporte malgré tout un soin particulier. Il en est ainsi de ses bourgognes côte-d'or. Cette appellation récente a justement été créée dans l'idée d'une qualité accessible, à l'instar des bourgognes côte-chalonnaise voisins. Chez Thiébault Huber, il s'agit de parcelles jouxtant les plus beaux crus.

Par exemple ce Pré aux Dames, issu d'une vigne située à deux pas des pulignys, sur une terre qui apporte finesse et élégance. Comme le reste du domaine, cette parcelle est cultivée en biodynamie, méthode consistant à renforcer la vigne et à chercher son équilibre plutôt qu'à la soigner, l'usage de produits naturels comme des tisanes étant privilégié. On en tire souvent, comme ici, une fraîcheur singulière, venue du terroir et non d'un manque de maturité, que certains nomment « vibration ». Ce mélange de notes acidulées et minérales rafraîchit le vin sans l'affadir. Par ailleurs, ce blanc à l'habit étincelant et à l'attaque tonique est issu de chardonnays muscatés, une variante du cépage, ce qui lui permet de distiller quelques notes florales et exotiques. On l'imagine bien accompagner l'apéritif d'une chaude journée de vacances. Ou tout autre moment de partage...

Domaine Huber-Verdereau | 23 RD 974, 21190 Meursault | 03 80 21 64 37 | contact@huber-verdereau.com | huber-verdereau.com | Catégorie de prix : **

Domaine
Bourgogne Côte d'Or
Appellation Bourgogne Côte d'Or Contrôlée
Pré aux Dames
2022
Domaine HUBER-VERDEREAU

69 Paradis blanc

AOC Le Montrachet Grand Cru

C'est incontestable : le montrachet est le vin blanc le plus couru du monde. À cheval sur les villages de Chassagne-Montrachet et de Puligny-Montrachet, cette parcelle de 8 hectares fait l'objet de toutes les convoitises. Sur la route des vins, les visiteurs s'arrêtent même pour un selfie devant ses célèbres murets. Chaque centilitre issu de ce terroir est sous allocation – réservé avant même la vendange. Pourquoi ? La qualité du lieu d'abord : ce cœur de coteau profite de sols, sous-sols, pentes et expositions idoines. Les propriétaires également : de grands noms comme Joseph Drouhin, la Romanée-Conti ou encore Leflaive l'exploitent.

C'est également le cas de Bouchard Père et Fils. La « grande maison » de Beaune chérit sa part de paradis blanc, acquise en 1838. À la dégustation d'un 2020, on est dans un premier temps surpris par la relative discrétion du nectar. Mais après aération, on comprend vite qu'on a affaire à un modèle de profondeur. Si l'on savoure déjà une riche consistance et des nuances de fleurs d'acacia, de tilleul, de mandarine, de beurre frais et d'iode marine, il faudra du temps pour que tout ce potentiel se livre. « Le montrachet est un seigneur local, il faut venir à lui », confirme Frédéric Weber, directeur technique de la maison. « En dégustation, cela peut nous créer du tort : il faut se projeter dans 5 ou 10 ans. »

L'œnologue sait de quoi il parle, lui qui a goûté nombre de cuvées anciennes, jusqu'à 1865 ! « Il y a toujours ce fond, cette texture à la fois saline et crémeuse, qui remplit toute la bouche. » Des flacons qu'il trouve derrière les murs épais du château de Beaune, où patientent les vieux millésimes. La maison, presque trois fois centenaire, possède en effet l'une des plus belles œnothèques de Bourgogne, que l'on peut visiter sur demande. Les équipes y puisent régulièrement l'inspiration. « C'est riche en enseignements : on voit comment les grands terroirs évoluent », se réjouit Frédéric Weber, qu'on ne peut que jalouser...

Maison Bouchard Père et Fils | 15 rue du Château, 21200 Beaune |
03 80 24 80 24 | contact@bouchard-pereetfils.com | bouchard-pereetfils.com |
Catégorie de prix : *****

BOUCHARD PÈRE & FILS
BOUCHARD PÈRE & FILS 2020 MAISON FONDÉE EN 1731
BOUCHARD PÈRE & FILS
FONDÉE EN 1731
GRAND CRU
MONTRACHET
APPELLATION D'ORIGINE CONTRÔLÉE
DOMAINE
CE VIN A ÉTÉ RÉCOLTÉ, ÉLEVÉ ET MIS EN BOUTEILLE PAR BOUCHARD PÈRE & FILS
CHÂTEAU DE BEAUNE · CÔTE-D'OR · FRANCE
2020

70 Chassagne côté blanc

En Pimont, AOC Chassagne-Montrachet

Si l'on devait choisir une appellation pour représenter la Bourgogne, Chassagne-Montrachet serait un bon choix. C'est probablement le plus morcelé des villages, avec ses plus de 100 Climats cultivés en blanc comme en rouge. Un sujet qui, d'ailleurs, fait parfois débat. Si Chassagne s'est considérablement « blanchi » ces dernières années, porté par la gloire du Montrachet et de ses grands crus blancs, historiquement c'est le pinot noir qui dominait l'appellation. En particulier dans le secteur de Morgeot, au sud, dont les argiles rouges font de grands pinots de caractère, à goûter à tout prix. Mais dans les secteurs d'altitude, plus calcaires, cela ne fait aucun doute : Chassagne produit de grands blancs.

Le Climat En Pimont, probablement le plus haut du cru, le démontre. C'est le chardonnay pur et précis par excellence. Son nez délicat laisse place à une attaque tonique, avant qu'une trame dense et longue ne prenne le relai, conclue en finale par une salinité puissante et salivante. Une belle réussite de la famille Picard, grande propriété de Bourgogne, qui le commercialise sous le nom de domaine Au Pied du Mont Chauve. Un surnom donné au Montrachet, « mont Rachaz » en patois, c'est-à-dire « mont chauve ».

La maison familiale, représentée par Francine Picard, rayonne depuis le château de Chassagne. Au-delà de ses belles appellations côte-d'oriennes, elle exploite près d'une centaine d'hectares à Mercurey, village dont elle extrait de grands rouges. Un ensemble dirigé depuis longtemps vers le bio. Mais pour cette vigneronne toujours prompte à innover, la certification « n'est pas le graal » et il est essentiel de « sortir de l'esprit consommateur de ces labels ». Ainsi, elle se tourne déjà vers d'autres projets : cépages résistants, agroforesterie sur 4 hectares à Meursault ou encore étude sur la réduction de l'impact carbone de ses bouteilles et emballages.

Au Pied du Mont Chauve | 5 chemin du Château, 21190 Chassagne-Montrachet | 03 80 21 98 57 | contact@domainesfamillepicard.com | famillepicard.fr | Catégorie de prix : ***

GRAND VIN DE BOURGOGNE
CHASSAGNE MONTRACHET
AU PIED DU MONT CHAUVE
En Pimont
2021
FAMILLE PICARD À CHASSAGNE-MONTRACHET

71_Concentré de Bourgogne

La Comme, 1er Cru, AOC Santenay

Il n'y a pas plus bourguignon que le domaine Louis Lequin. D'abord, la famille exploite la vigne à Santenay depuis le XVIIe siècle, d'après des archives – et pas n'importe lesquelles : un acte royal témoigne de l'achat du « Clos Genet » par un certain Philibert Lequin en 1669. Ensuite, la propriété ressemble aux domaines typiques de Bourgogne avec ses 7 hectares très morcelés. Et aussi parce que la famille Lequin, accueillante, continue d'ouvrir la porte du domaine aux clients particuliers, chose de plus en plus rare en côte de Beaune. Enfin, parce que ses vins ont une délicatesse toute bourguignonne.

Les rouges « pinotent » diront certains, nostalgiques d'un temps où les millésimes étaient moins solaires, les extractions moins poussées, les couleurs plus légères. Ainsi, le 1er Cru La Comme, perché sur les hauteurs de Santenay, concilie structure tannique, fraîcheur au palais, arômes délicats de petits fruits rouges, nuances florales et accents minéraux. « C'est notre 1er cru phare. La parcelle jouxte Chassagne, et fait partie pour moi des santenays les plus élégants », souligne Antoine Lequin, qui a pris la suite de son père Louis. Le vigneron aime préciser qu'on trouve encore à La Comme des meurgers, ces « imposants tas de pierre que nos ancêtres ont sortis pour exploiter la terre. Ils protègent les parcelles d'une partie des éléments, et apportent des microclimats, par exemple en réverbérant le rayonnement du soleil ».

L'aptitude de garde du 1er Cru La Comme est parfaite : il distille, avec les années, des arômes de fleurs séchées et de sous-bois enchanteurs. C'est d'ailleurs l'une des spécificités des Lequin : « La tendance est plutôt de vendre ses vins tôt, ce que je respecte. Mais de notre côté, nous essayons de garder les millésimes quelques années en cave, en principe 5 ans, avant de les commercialiser. Pour moi, le bourgogne qui a un peu attendu a plus à offrir. On est là pour faire tourner une entreprise, mais aussi proposer des vins que l'on trouve bons. »

Domaine Louis Lequin | 1 rue du Pasquier-de-Pont, 21590 Santenay | 03 80 20 63 82 | info@louis-lequin.com | louis-lequin.com | Catégorie de prix : **

2019
Grands Vins de Bourgogne
Vignerons de Père en Fils depuis 1604
SANTENAY
PREMIER CRU - LA COMME
APPELLATION SANTENAY PREMIER CRU CONTRÔLÉE
DOMAINE LOUIS LEQUIN & FILS
VITICULTEURS A SANTENAY - CÔTE-D'OR - FRANCE
750 ml
MIS EN BOUTEILLE AU
2019

72 Les plus grandes caves de Bourgogne

Clos Faubard, 1er Cru, AOC Santenay

Qui a déjà visité les catacombes de Paris garde une forte impression de ces kilomètres de galeries dans lesquelles des ossements humains font office de murs. Remplacez ces crânes et fémurs par des flacons de bourgogne, et vous aurez une idée de l'atmosphère des caves Patriarche. Ce sont les plus grandes d'un seul tenant à Beaune, avec leurs 5 kilomètres de galeries serpentant sous la vieille ville, et parmi les plus belles ! Les plus de 40 000 visiteurs annuels ressortent sous le charme de cette escapade hors du temps, pendant laquelle on déguste quelques vins de la maison.

Ce patrimoine est l'héritage d'une production intense de Patriarche à son apogée, devenue anecdotique dans les années 2000. Mais en Bourgogne, la flamme des grandes maisons ne s'éteint jamais complètement, et Patriarche redémarre fort l'activité vinicole. « Nous avons opéré un travail de fond, sans nous hâter », témoigne Jean-Michel Gallette, responsable œnotourisme, « cela passe par des approvisionnements de qualité ». Quelques-unes des cuvées « nouvelle génération » ont vite conquis les palais, tel le nuits-saint-georges 1er Cru Les Vaucrains en rouge ou le beaune 1er Cru Les Pertuisots en blanc. Le style : solaire, charmeur, et mettant le terroir en avant.

En 2022, c'est l'élégant santenay 1er Cru Clos Faubard 2020 qui a fait parler de lui en remportant le titre de « Major du Tastevinage », réservé à une dizaine de cuvées parmi plus de 1 000 échantillons dégustés. L'occasion de valoriser un Climat peu connu de Santenay, caché entre les fameux Beauregard et Beaurepaire. « On sent un intérêt de plus en plus marqué des cavistes et restaurateurs pour notre travail », se félicite Jean-Michel Gallette. Autre signe qui ne trompe pas et qui démontre le renouveau de Patriarche : « Les visiteurs venaient pour nos caves et découvraient nos vins au passage. Désormais, l'inverse peut se produire. » C'est ce qu'on appelle un retour aux sources.

Patriarche Père et Fils | 5-7 rue du Collège, 21200 Beaune | 03 80 24 53 78 | boutique@patriarche.com | patriarche.com | Catégorie de prix : **

Depuis 1780
PATRIARCHE
PÈRE & FILS
TASTEVINAGE®
SANTENAY 1er CRU
CLOS FAUBARD 2020
PATRIARCHE
GRAND VIN DE BOURGOGNE
PRODUCT OF FRANCE
CUVÉE ÉMOTION
2020
Santenay
PREMIER CRU - CLOS FAUBARD
APPELLATION SANTENAY PREMIER CRU CONTRÔLÉE
DISTRIBUÉ PAR MAISON PATRIARCHE PÈRE ET FILS
À BEAUNE - CÔTE-D'OR - FRANCE
DEPUIS 1780
PATRIARCHE
PÈRE & FILS
MIS EN BOUTEILLE A LA PROPRIÉTÉ PAR P.C. A F.21420

73_Reconversions dans l'art de vivre

Les Hâtes, AOC Santenay

Santenay fait partie de ces appellations *underground* de la Côte-d'Or. Mais pour combien de temps ? Ses rouges comme ses blancs n'ont ni la notoriété des chambolles ni le renom des meursaults. Mais pour des cours encore raisonnables, on y trouve des pinots et chardonnays d'un style plutôt généreux, à l'exception des hauteurs de La Comme (voir chap. 71), côté Chassagne, où naissent des vins plus sapides et minéraux. Dans les Climats de niveau « village », Les Hâtes fait partie des mieux situés, à mi-chemin entre les 1ers crus Maladière et Beaurepaire au sud, et Beauregard et Gravière au nord.

Un terroir parfaitement interprété par le domaine Belleville, qui en tire un nectar rouge au nez intense et légèrement fumé, à la bouche à la fois complexe et élégante, qui allie une belle présence de fruits rouges acidulés à des notes réglissées, florales (violette) et animales (cuir frais). En finale, de fins amers allongent la trame et laissent une impression de fraîcheur. De la dentelle. En 2017, cette maison de Rully a trouvé pour repreneurs Mark Nunnelly et Denise Dupré, discret couple américain, également propriétaires du château de la Commaraine à Pommard, du négoce haute couture Les Parcellaires de Saulx, à Meursault, et d'une maison champenoise. « Ils sont passionnés d'art de vivre à la française et de grands vins en particulier », relève Jean-Luc Vitoux, associé et directeur des trois domaines, qui lui-même a vécu une reconversion après une carrière d'avocat en droit des affaires.

Le groupe propose une vision très exigeante de la viticulture, voire – disons-le – haut de gamme. Ce qui ne l'empêche pas d'accueillir volontiers. Le manoir des Parcellaires de Saulx, à l'entrée sud de Meursault, est fait pour ça. Dans ce lieu intimiste, on peut déguster au verre quelques vins de la gamme accompagnés de planches de fromage ou de charcuterie. Une initiative relativement rare en Bourgogne.

Domaine Belleville | 6 ZA Les Champs Rouges, 71150 Rully | 03 85 91 06 00 | contact@domainebelleville.com | domainebelleville.com | Catégorie de prix : **

DOMAINE BELLEVILLE
DB
BOURGOGNE
SANTENAY
LES HÂTES
DOMAINE BELLEVILLE

Saône-et-Loire

Sud généreux

Dans le département de Saône-et-Loire se déploie le sud de la Bourgogne viticole et ses trois vignobles. Le plus méridional est le Mâconnais. Un pays vallonné, dans lequel plusieurs séries de coteaux se succèdent, tous presque entièrement dédiés au chardonnay. Des blancs à la fois intenses et délicats, avec pour figure de proue l'appellation Pouilly-Fuissé, qui, depuis 2020, possède ses 1ers crus. En remontant la Saône, on accède à la Côte chalonnaise. Un vignoble de rouges comme de blancs, à l'impressionnante diversité. Cinq villages s'y distinguent : les célèbres Mercurey et Givry, et les plus discrets Rully, Montagny et Bouzeron, ce dernier village faisant honneur à l'aligoté, le second cépage blanc de Bourgogne (loin) derrière le chardonnay. Mentionnons enfin les côtes du Couchois, à l'ouest de la Côte chalonnaise, terre qui sort peu à peu de l'anonymat. Dans ces trois contrées, où des tarifs intéressants se pratiquent encore, on apprécie une grande qualité : la convivialité.

En Saône-et-Loire, le monde du vin aime recevoir, en toute simplicité, en toute franchise. Pas étonnant quand on connaît le goût du collectif de ces terroirs, où les coopératives ont encore toute leur place. Vous découvrirez dans les pages qui suivent quelques pépites de cette Bourgogne du soleil, qu'il faut déguster, et encore davantage visiter.

74 Crémants de gastronomie

Les Terroirs, AOC Crémant de Bourgogne

Les fins connaisseurs de la bulle bourguignonne parlent parfois de « crémants de Rully ». Comprenez « crémants de qualité ». Une expression justifiée : le village de la Côte chalonnaise a abrité la plupart des prestigieuses maisons de l'appellation effervescente. Ainsi, la maison Vitteaut-Alberti y élabore des cuvées devenues références, tout comme l'a fait Veuve Ambal, avant de trouver sa place à Beaune.

La maison Picamelot, elle, y crée toujours ses « crémants de gastronomie ». Le propriétaire, Philippe Chautard, souhaite démontrer « la diversité des crémants et des plats avec lesquels on peut les consommer », ajoutant qu'« on peut faire un repas au crémant de Bourgogne, comme avec n'importe quel grand vin ». Illustration avec cette cuvée signature Les Terroirs. Assemblage de raisins des trois Côtes (Nuits, Beaune et chalonnaise), elle porte la patte maison : une bulle très fine et un profil vineux, avec fruité, consistance et allonge. La trame convoque les agrumes, les fleurs blanches et les fruits jaunes, apportant aussi une touche briochée.

Le petit-fils du fondateur Louis Picamelot fait partie des pionniers du crémant parcellaire. Une vision rare, car la bulle est majoritairement un produit d'assemblage, fait pour offrir de la régularité d'une année sur l'autre. À contre-courant, la maison Picamelot s'est inspirée des vins tranquilles avec ses cuvées En Chazot et Les Reipes, chacune issue d'une parcelle unique. Encore plus risqué : la cuvée En Espoutières provient d'un terroir oublié de la métropole de Dijon que Philippe Chautard a planté d'instinct, pour une première cuvée en 2021. Mais retournons un peu à Rully : Picamelot, incontournable de l'œnotourisme, se visite. Vous y découvrirez une cave taillée à même le sol, où d'immenses pans de roche font office de murs et où l'on circule dans des plateformes à travers les cuves, flottant dans ces immenses espaces minéraux baignés de calme et de fraîcheur. Bref, qui passe à Rully passe chez Picamelot.

Maison Louis Picamelot | 11 bis rue du Moulin-à-Vent, 71150 Rully | 03 85 87 13 60 | info@louispicamelot.com | louispicamelot.com | Catégorie de prix : *

Louis Picamelot
CRÉMANT
DE
BOURGOGNE
Terroirs
BLANC BRUT

75 Pépites de la côte de Beaune

Tilleul, AOC Bourgogne aligoté

La côte de Beaune, célèbre pour ses pommards, volnays et cortons, possède dans sa partie sud des secteurs plus confidentiels : Santenay, les Maranges, ainsi qu'une partie des Hautes Côtes, trois appellations à découvrir pour leur rapport qualité-prix. C'est dans cet univers que s'épanouit le domaine Chevrot et Fils. Pablo et Vincent, frères œnologues, ont fait de la propriété familiale une pointure agronomique. À la suite de la fin des herbicides en 2006, le domaine est passé à l'agriculture biologique et ne s'arrête plus depuis. Enherbement pour nourrir le sol et limiter l'érosion, labour à cheval, taille respectueuse des flux de sève… Sur ces 18 hectares, on est loin de l'agriculture intensive.

La démarche a pour avantage de conserver la spécificité des parcelles et de retranscrire toute leur complexité dans les vins. La cuvée Tilleul, un aligoté, en est un exemple frappant. « Les raisins viennent d'une seule vigne, à Cheilly-lès-Maranges. C'est un terroir de grès recouvert d'une fine pellicule de sol graveleux, un cas assez rare en Bourgogne. L'aligoté aime ce genre de sols pauvres et drainants. La vigne a plus de 50 ans. Nous l'avons choisie pour élaborer un vin de garde », révèle Pablo Chevrot. Pour ce faire, « on a mis tout ce qu'il fallait en face : une viticulture haut de gamme, complètement manuelle, avec rendements limités. En cave, la cuvée est vinifiée et élevée en foudre, et très peu sulfitée ». Le résultat n'a rien à voir avec un aligoté vif à ouvrir à l'apéritif. On parle ici d'un blanc intense, dont on savoure la profondeur et la complexité. Fleurs blanches, acacia, citron confit, herbes aromatiques et épices douces s'expriment, bien rehaussés par des accents salins et un toucher légèrement tannique, typique du cépage. Après quelques années de cave, le flacon pourrait bien produire des notes de tilleul, « arôme typique des vieux aligotés », qui rappelleront l'arbre qui se trouve au pied de la parcelle. On ne saurait trouver meilleur nom.

Domaine Chevrot et Fils | 19 route de Couches, 71150 Cheilly-lès-Maranges | 03 85 91 10 55 | contact@chevrot.fr | chevrot.fr | Catégorie de prix : **

Tilleul
BOURGOGNE ALIGOTÉ
APPELLATION BOURGOGNE ALIGOTÉ
2021
Pablo et Vincent
VITICULTEURS

76_Capitale de l'aligoté

Clos de la Fortune monopole, AOC Bouzeron

L'aligoté a droit à son appellation dédiée : Bouzeron. Ce village de la Côte chalonnaise, entouré de forêts et encaissé dans une petite vallée au nord de Rully, produit probablement les meilleurs aligotés de Bourgogne, grâce notamment à sa très qualitative variante du cépage, l'aligoté doré. Rue de la Fontaine, deux références se font face : le domaine de Villaine (voir chap. 79) et le domaine Chanzy.

Ce dernier, plus grand propriétaire de l'appellation, y cultive le monopole Clos de la Fortune. « Cette parcelle possède une orientation sud-est idéale pour la maturation du raisin », explique Xavier Badinand, directeur de la propriété. C'est l'aligoté dans toute sa splendeur : ses arômes sont complexes et délicats (fleurs blanches, épices douces), sa texture légèrement tannique – chose déroutante avec un blanc –, et sa finale longue et fraîche, laissant apparaître de fins amers. Il ne craindra pas 5 à 7 années de garde. Le meilleur endroit pour le goûter : le Clos lui-même, lors d'une escapade viticole organisée sur demande par la maison et comprenant une lecture de paysage. Plus classique, la visite-dégustation (disponible tous les jours en haute saison) vous permet de goûter cinq vins après un tour du propriétaire. « Nous misons de plus en plus sur l'accueil », confie Xavier Badinand, qui laisse le soin à sa chargée de l'œnotourisme, Karine Moreteaux, d'accompagner les clients.

Elle vous fera passer par les vignes comme par les caves, même quand les salariés y travaillent. « Je personnalise les explications en fonction des groupes et de leurs centres d'intérêt », assure cette passionnée des Climats. Un style sur-mesure bien en phase avec l'esprit de la maison, et surtout de son propriétaire : la société OLMA, spécialiste du luxe à la française, qui possède l'hôtel Le Montrachet à quelques kilomètres de là, les marques de caviar De Neuvic et Prunier, ainsi que la maison Truffes Henras. De quoi trouver l'inspiration pour ses accords mets et vins...

Maison Chanzy | 6 rue de la Fontaine, 71150 Bouzeron | 03 85 87 23 69 | reception@chanzy.com | chanzy.com | Catégorie de prix : *

MAISON
CHANZY
BOUZERON
CLOS DE LA FORTUNE
— MONOPOLE —
2020
GRAND VIN DE BOURGOGNE

77_En voie de reconnaissance

Les Grands Quartiers, AOC Bourgogne

Traditionnellement rattachées à la Côte chalonnaise, les côtes du Couchois préfèrent se définir comme le prolongement géologique de la côte de Beaune. Logique au vu du style de cuvées : des rouges charpentés, qui aiment les années en cave, ainsi que des blancs d'une belle amplitude. Mais ce lieu ne jouit pour l'heure que d'une réputation embryonnaire. Une aubaine pour les amoureux du bourgogne, qui y trouvent parmi les meilleurs prix de la région.

En rouge, la cote grimpe chaque année, bien aidée par la reconnaissance de la mention complémentaire « Bourgogne Côtes du Couchois » par l'Institut national de l'origine et de la qualité en 2000. En blanc, les choses ne sont pas allées aussi loin, mais sont sur la bonne voie, notamment grâce au travail du domaine Royet. La propriété familiale reste à ce jour la référence du vignoble, avec ses pinots harmonieux (cuvée Expression) et une gamme de blancs particulièrement aboutie. Ainsi, Les Grands Quartiers, issu d'une sélection parcellaire, tire le meilleur parti de son élevage sous bois. À la clef : un chardonnay charnu, au fruit juteux, jonglant entre des nuances de fruits du verger, de beurre frais et de vanille. Une volaille en sauce l'accompagnerait à merveille. Malheureusement, l'épisode de gel en 2021 a été sans pitié pour les vignes de la cuvée. D'où la cuvée alternative Les Autres Quartiers imaginée par Jean-Claude et Vincent Royet, respectivement 3e et 4e génération du domaine. D'autres propriétés méritent le détour dans ce coin de Bourgogne bucolique, où les vignes côtoient prés et forêts. Leur mérite : proposer chacune un style bien personnel. Pour se faire une idée, le mieux reste les deux journées portes ouvertes du vignoble début août, appelées La Ronde du Couchois. Un moment de convivialité comme le vin sait en produire : on circule d'un caveau à l'autre, bien accueillis par des vignerons qui aiment l'échange, et l'on en profite pour découvrir au passage ce petit pays ponctué de beaux panoramas.

Domaine Vincent Royet | 1 rue de la Billarde, 71490 Couches | 03 85 49 64 01 | contact@vincent-royer.com | vincent-royet.com | Catégorie de prix : *

2020
VIN DE BOURGOGNE
BOURGOGNE
LES GRANDS QUARTIERS
Appellation d'Origine Protégée
CHARDONNAY
VINCENT ROYET

78 En plein boom

AOC Bourgogne Côtes du Couchois

La famille Demontmerot pourrait à elle seule symboliser la renaissance du Couchois. « Quand j'ai pris la suite de mes parents, nous étions aussi éleveurs. Désormais, nous ne nous consacrons qu'au vin. Ma femme m'a rejoint au domaine, et nous sommes passés de 15 000 bouteilles à 60 000 », confie Laurent Demontmerot. Le résultat d'un travail de fond, au plus près des consommateurs. « Nous recevons beaucoup et écoutons les retours des clients. Nous savons qu'actuellement, ils cherchent des vins de plaisir, sans chichi. Cela tombe bien, nous aimons ce style. »

En effet, le bourgogne côtes-du-couchois plaît pour sa texture pulpeuse et cette sensation de mordre dans un fruit (rouge ou noir, selon les millésimes) à pleines dents. Un vin primesautier qu'on n'hésitera jamais à déboucher. « La vigne est assez vieille et issue d'une sélection massale, ce qui donne une belle qualité aromatique. Nous trions les raisins et, en vinification, nous privilégions les techniques qui extraient les arômes, et non les tanins », précise le vigneron, qui ne se limite pas à ce vin friand. « En développant le domaine, nous apprenons aussi à identifier les nuances de qualité dans nos parcelles. Dans l'appellation, nous avons déjà six cuvées parcellaires, nous en produisons pratiquement une nouvelle chaque année. En Côte-d'Or, c'est un travail effectué depuis longtemps ! Nous, nous commençons. C'est très motivant, ce sentiment de partir d'une page blanche. »

Le succès ne s'est pas fait attendre et le domaine commence à exporter. « C'est important pour la reconnaissance de l'appellation. Mais c'est un aspect que nous ne développons pas trop, nous tenons à notre clientèle locale. » Garder les pieds sur terre : un leitmotiv pour Laurent Demontmerot, qui s'inspire de l'histoire familiale. « Ma famille est installée sur le village depuis le XVe siècle. Elle a alterné entre des époques uniquement dédiées à la vigne et la polyculture. Il faut se rappeler que l'agriculture, c'est cyclique. »

Domaine Demontmerot | 6 rue des Roches, 71490 Dracy-lès-Couches | 06 23 43 02 30 | famille.demontmerot@sfr.fr | domaine-demontmerot.fr | Catégorie de prix : *

DEMONTMEROT
DOMAINE
DEMONTMEROT
DRACY-LES-COUCHES
2020
BOURGOGNE
CÔTES DU COUCHOIS
APPELLATION D'ORIGINE CONTRÔLÉE
VIN DE BOURGOGNE - MIS EN BOUTEILLE AU DOMAINE
PRODUIT DE FRANCE - CONTIENT DES SULFITES

79_L'élève et le maître

Grésigny, 1er Cru, AOC Rully

On connaît la famille de Villaine en tant que copropriétaire du mythique domaine de la Romanée-Conti, mais pas forcément pour ses vins de la Côte chalonnaise. En 1973, Aubert de Villaine a fait naître cette propriété à Bouzeron afin de créer des blancs de terroir dans ce village dédié à l'aligoté, dont le vigneron subodora le grand potentiel. Désormais, Pierre de Benoist, son neveu, est aux manettes.

Sa production se compose d'aligotés pointus, purs, vibrants, dont la finesse aromatique le dispute à la minéralité tactile. Mais également des chardonnays : le domaine s'est développé récemment dans le vignoble de la commune voisine de Rully, dont il possède désormais la plupart des 1ers crus. Parmi eux, le Grésigny, soit « petite côte raide » en patois bourguignon. « C'est l'un des crus phares du village », souligne Pierre de Benoist, qui s'est attaché à la parcelle. « Au moment de l'acquisition, j'ai découvert une vieille vigne abandonnée, et j'ai immédiatement pensé à l'arracher. Je me voyais comme le maître, et elle l'élève. En la parcourant, j'ai découvert une incroyable vigne de 80 ans, bien implantée, et j'ai vite compris qu'elle serait le maître, et moi l'élève. Son implantation profonde lui permet d'accéder à l'eau du terroir, et d'en faire ressortir la fraîcheur et l'essence. J'ai désormais un respect, une affection pour cette vigne, que j'espère voir devenir centenaire. »

En effet, on apprécie la sapidité et l'épure de cette cuvée, ses nuances de fruits blancs et d'agrumes bien mûrs, ainsi que sa longue persistance dévoilant de fins amers et des accents salins. Les autres rullys 1ers Crus blancs de la propriété méritent autant d'être dégustés. Notamment Les Margotés, voisin du Grésigny, au fruit très mûr et expressif, ou Rabourcé, à l'extrême nord de Rully, qui trouve l'équilibre entre une matière ample et concentrée et une tension naturelle rafraîchissante. Vous ne pourrez plus dire que la famille de Villaine, ce n'est que la Romanée-Conti.

Domaine de Villaine | 2 rue de la Fontaine, 71150 Bouzeron | 03 85 91 20 50 | contact@de-villaine.com | de-villaine.com | Catégorie de prix : ***

DE VILLAINE
DOMAINE DE VILLAINE
Propriétaire à Bouzeron, en Bourgogne
Rully 1er Cru
Appellation Rully 1er Cru Contrôlée
GRÉSIGNY
Mis en Bouteille au Domaine

80_Cadeaux de Rully

Les Cailloux, AOC Rully

Au cœur de Rully, ce domaine surprend par plusieurs aspects : sa dénomination intrigante tout d'abord. « Notre nom de famille, Debavelaere, est difficile à prononcer. Et le nom de jeune fille de ma mère est Melchior. Nous avons donc choisi pour nom de domaine Rois Mages », révèle Félix Debavelaere, à la tête de la propriété aux côtés de sa mère Anne-Sophie et de son père Stanislas.

Les parents ont été néo-vignerons avant l'heure : chacun ayant une autre activité, ils sont partis de zéro dans les années 80. « Ils ont commencé avec 1 hectare de vigne à planter. À l'époque, personne ne connaissait Rully. Aujourd'hui, l'appellation est réputée et le domaine a atteint 11 hectares en production », retrace Félix. Bref, une arrivée au bon moment. Désormais, les Rois Mages apportent à nos palais de beaux cadeaux avec une gamme de rullys parcellaires aux caractères affirmés. Les Cailloux reste le fer de lance, en rouge comme en blanc. « C'est un plateau calcaire à 300 mètres d'altitude, avec une croûte caillouteuse sur le sol. Il donne des vins précis et tendus », décrit Félix. Le pinot noir qui en est issu est un vrai bonbon : un rouge souple au fruit gourmand et légèrement épicé, qui fait généralement l'unanimité.

Mais c'est en blanc que la parcelle montre toute sa profondeur. Ce chardonnay à l'attaque franche dévoile des notes d'agrumes comme la bergamote, puis une trame longue et complexe, déployant salinité et arômes de fruits secs. Un séjour en cave le révèlera. « On se rend compte, de plus en plus, que les blancs de Rully vieillissent très bien. Nous allongeons notre élevage dans cette optique : les vins restent 12 mois en fût, puis 6 à 7 mois en cuve, puis, une fois en bouteille, attendent encore 1 an. » Dans un registre plus charnu et solaire, sur des arômes de fruits jaunes, le Plante Moraine vaut aussi le détour. Les deux cuvées se rejoignent sur un point : elles font partie des plus belles opportunités parmi les blancs de la Côte chalonnaise.

Domaine Rois Mages | 21 rue des Buis, 71150 Rully | 03 85 48 65 64 | as.debavelaere@gmail.com | rois-mages.com | Catégorie de prix : **

DOMAINE
Rois Mages
Rully
Les Cailloux
2020

81 Châtelains paysans

AOC Bourgogne Côte Chalonnaise

Un peu à l'écart de la côte viticole, le château de Chamilly attire l'œil. L'imposante ferme fortifiée trône au creux d'une calme vallée. « Notre famille y vit depuis le début du XIXe », confient Arnaud et Xavier Desfontaine. La vie de château, mais pas celle qu'on imagine. « Chaque année, on rénove quelque chose, et on investit ce qu'on peut dans un petit bout de bâtiment. Si au moment de reprendre le domaine, on avait construit un bâtiment de 1 000 mètres carrés en zone industrielle, ce serait payé, et plus simple. Mais ce patrimoine, c'est un choix de vie. On ne se sent jamais blasé quand on va travailler », assure Arnaud.

Lancés dans l'apprentissage viticole dès l'adolescence, les deux frères aiment leur bout de paradis, même si ce n'est pas le plus coté de Bourgogne. L'un dans l'autre, les marges économiques sont faibles, le bon sens agricole indispensable. « La vigne seule, ça marchait très bien du temps de nos parents. Aujourd'hui, avec les accidents climatiques, c'est un modèle risqué », remarque Arnaud, qui pense diversification.

Un premier cap a été franchi avec la production… de bière. « Quand le gel de 2021 a détruit une grosse partie de la récolte, on s'est dit : "c'est maintenant ou jamais" », explique le vigneron depuis sa micro-brasserie rutilante. De même, la famille lorgne du côté de l'agroforesterie et plante des fruitiers dans les vignes. Le vin reste tout de même leur cœur de métier. Aux côtés de mercureys et montagnys très élégants, on déguste au château un côte chalonnaise qui joue à merveille son rôle de « bon canon », de pinot noir canaille à ouvrir entre copains. Le meilleur moment pour le déguster : l'Ascension. Le week-end est dédié aux portes ouvertes du domaine, qui voit alors les choses en grand : chapiteau dans la cour, four à pain, producteurs et artisans locaux… « Il y a aussi une soirée concert. Au total, il doit passer plus de 2 000 personnes sur les deux jours. » Et l'expression « patrimoine vivant » prend tout son sens.

Château de Chamilly | 7 allée du Château, 71510 Chamilly | 03 85 87 22 24 | contact_chamilly@chateaudechamilly.com | chateaudechamilly.com | Catégorie de prix : *

BOURGOGNE
Côte Chalonnaise 2021
VIN DE BOURGOGNE
Château de Chamilly
VERONIQUE DESFONTAINE & SES FILS
BOURGOGNE
Chalonnaise 2021
Chamilly

82_Tout part des vignes

Le Clos des Roches, AOC Bourgogne Côte Chalonnaise

Un « désir impérieux ». Voilà ce qui a poussé Isabelle et Alain Hasard à se lancer dans la viticulture. Après une première carrière de sommelier en Languedoc, Alain insuffla toute son énergie dans un nouveau défi de taille : devenir vigneron en Bourgogne afin de produire lui-même ce pinot noir que son palais chérit tant. Le néo-vigneron s'installa en 1997 dans les discrètes côtes du Couchois où il mena la conversion bio de sa vigne. À peine 10 années plus tard, le couple repartit de zéro avec un nouveau domaine à Aluze, non loin de Rully.

Une nouvelle fois, les Hasard s'attelèrent à la restructuration du vignoble, avec une haute idée de la viticulture : plantation en très haute densité (11 000 à 14 000 pieds à l'hectare, soit moins d'un mètre carré par pied) pour que la concurrence entre les ceps concentre la matière du fruit, sélection de pieds de vigne génétiquement divers, bio et même au-delà, avec des doses de produits phytosanitaires largement réduites par rapport aux seuils du cahier des charges. Une lourde tâche ? Peut-être, mais toujours accompagnée « d'enthousiasme et d'émerveillement », précise Alain, pour qui « le plaisir est dans l'action, la transformation du réel ».

Ces vignes aimées donnent le très minéral rully blanc Les Cailloux, l'énergique mercurey rouge Les Marcœurs (Climat proche du très réputé Clos l'Evêque), ainsi que le côte-chalonnaise Clos des Roches, qui tire son nom d'un magnifique terroir de marnes calcaires orienté plein sud. Ce pinot noir séduit par sa matière friande, concentrée, de petits fruits (noirs ou rouges selon les millésimes) bien juteux, qui évoluent en bouche vers des notes de terroir salines et acidulées, et par sa structure tannique soyeuse et enveloppante. Quelle élégance, quelle tonicité !

Probablement l'une des plus belles réussites de l'appellation. Aucun doute, les Hasard font bien les choses.

Les Champs de l'Abbaye | 9 rue des Roches-Pendantes, 71510 Aluze | 03 85 45 59 32 | ai.hasard@free.fr | Catégorie de prix : **

LES CHAMPS DE L'ABBAYE
BOURGOGNE
CÔTE CHALONNAISE
Appellation Contrôlée
Le Clos des Roches 2021
750 ml 13% vol

83_Projet mûri

Terres de Garnerot, AOC Bourgogne Côte Chalonnaise

Alexia Russo a fait carrière dans l'industrie du luxe, Caroline Fyot dans l'assurance. L'une comme l'autre ont ressenti l'appel du changement, et leur domaine viticole a vu le jour en 2018 à Mercurey. Une installation ex nihilo, rare en Bourgogne. « Nous avions toutes les deux ce projet dans un coin de la tête depuis longtemps », confie Caroline Fyot. « Même si ma famille n'avait pas de vignes, j'ai grandi proche de ce milieu, et fait longtemps les vendanges chez des amis en Côte chalonnaise. Alexia, pour sa part, est italienne et sa famille possède des oliviers dans le Latium, près de Rome. Le retour à un métier de la terre était une évidence, mais nous avons mûri le projet de nombreuses années avant de nous lancer. »

Une longue réflexion sur le lieu d'installation notamment : elles envisagèrent pendant un temps de poser leurs valises en Italie et de reprendre les oliviers. Mais après une formation à Beaune et des expériences chez des vignerons de renom, Alexia et Caroline ont finalement jeté leur dévolu sur Mercurey et ce château, une bâtisse historique qui a, fut un temps, accueilli les confréries viticoles du village, dont les disciples de la Chanteflûte.

Le domaine est lancé en conversion bio dès la première année, et a obtenu sa certification sur le millésime 2022. C'est l'un des plus jeunes de la région, l'un des plus prometteurs également. Si beaucoup de vinificateurs tâtonnent à la recherche de leur style dans les premières années, il semble que ce n'est pas le cas chez ces vigneronnes qui, dès leurs premiers millésimes, ont livré des vins très aboutis. Le bouzeron surprend et charme par son profil très riche ; difficile de reconnaître l'aligoté à l'aveugle ! Le côte-chalonnaise fait honneur à son appellation, avec son style porté sur les fruits bien mûrs, sa structure gourmande et sa pointe saline. Un résultat qui rassure les deux vigneronnes. « Le changement de vie a été radical, mais nous ne regrettons rien », assure Caroline. Nous autres, amateurs de vins, non plus.

Château de Garnerot | 1 rue du Crêt, 71640 Mercurey | 06 62 10 47 94 | contact@chateaudegarnerot.fr | chateaudegarnerot.fr | Catégorie de prix : *

CHÂTEAU DE GARNEROT
BOURGOGNE
Terres de Garnerot
RÉCOLTE 2019

84_De Chassagne à Mercurey

Clos Marcilly monopole, 1er Cru, AOC Mercurey

C'est un domaine discret, mais plus pour longtemps. Les Héritiers Saint-Genys sont nés du rachat d'un domaine par Patrice du Jeu, restaurateur en région parisienne. « Un ami d'enfance, avocat, m'appelle un jour pour me proposer de racheter un domaine, laissé pratiquement à l'abandon. D'emblée je dis non, mais je vais visiter par curiosité. » L'offre porte sur deux trésors vacants : d'une part, d'immenses caves voûtées, parmi les plus grandes de Bourgogne, à Chassagne-Montrachet ; d'autre part, le Clos Marcilly, 1er Cru monopole, et ses 7,5 hectares entièrement clos de murs sur l'un des plus beaux terroirs de Mercurey. « Et là je change d'avis : je comprends qu'une occasion comme ça ne se présente pas deux fois. » Vendu.

Reste à replanter, nettoyer, réparer… et produire. « On est parti de zéro. La première vendange, je me suis retrouvé seul, avec à peine dix fûts au milieu de bâtiments vides, sans avoir appris à faire du vin. » Quelques années plus tard, l'œnologue Jean-Baptiste Alinc a rejoint la maison et ses cuvées attirent l'attention. Le Clos Marcilly blanc se distingue par son énergie, avec le bon équilibre entre tension acidulée, fruité et salinité. Son alter ego rouge présente une matière généreuse, terrienne, avec d'élégantes notes de noyau de cerise et de cacao. Un régal qui va croissant au fil des millésimes, car les jeunes plants, en s'enracinant, révèlent chaque année davantage de ce terroir complexe.

Parmi les autres réussites du domaine figure le santenay rouge 1er Cru La Maladière et son fruit flamboyant, et bien sûr l'emblématique chassagne 1er Cru Clos Saint-Jean, un blanc de garde complexe, parmi les plus vieux Climats de Bourgogne. Pourquoi ce nom des Héritiers Saint-Genys ? « Pour reprendre le domaine, je me suis associé avec un oncle relativement éloigné. L'un de nos ancêtres communs portait ce nom, qui s'est éteint depuis. » Le voilà ravivé, et avec la manière.

Les Héritiers Saint-Genys | 1 place de l'Église, 21190 Chassagne-Montrachet | 03 80 24 72 63 | contact@saint-genys.fr | saint-genys.fr | Catégorie de prix : **

Héritiers Saint
GRAND VIN
DE BOURGOGNE
2020
MONOPOLE
MERCUREY 1ER CRU
«CLOS MARCILLY»
Appellation Mercurey 1er Cru Contrôlée
Les Héritiers Saint-Genys
Elevé et mis en bouteille par Patrice du Jeu à Chassagne-Montrachet - Côte d'Or - France

85 Mercurey pour le plaisir

En Sazenay, 1er Cru, AOC Mercurey

« Joyeux ». Voilà comment Loïc de Suremain aime décrire ses mercureys, des rouges pour l'essentiel. Pas étonnant de la part de ce vigneron, chasseur et sonneur de trompe le week-end, qui ne manque pas de joie de vivre lui-même. « Je travaille mes cuvées de manière à les rendre rapidement agréables à déguster, sans pour autant faire l'impasse sur leur potentiel de garde », révèle le viticulteur. On ne boude pas son plaisir à déguster sa collection de grands Climats de Mercurey : des vins juteux, soyeux et au boisé fin.

L'approche est différente de celle du château de Chamirey (voir chap. 86), mais tout aussi intéressante : le mercurey-village, souple et charmeur, propose un bel équilibre, tandis que ses 1ers crus ont tous une personnalité bien affirmée. La bonhommie des Bondues tranche avec l'énergie acidulée des Croichots (et ses arômes de griotte) ou la minéralité d'un Clos l'Évêque. Chacun trouvera sa préférence. Pour l'auteur de ces lignes, c'est l'En Sazenay qui récolte la palme. Plutôt discret au nez et en attaque, le cru se dévoile en bouche, où la trame, dense, s'étoffe crescendo et se prolonge longuement en finale, avec un touché feutré et acidulé. Très complexe, ce pinot peut tour à tour dévoiler des notes de burlat, d'airelles, d'orange sanguine, de poivre, de fleurs et de réglisse.

« C'est un terroir à rouge autant qu'à blanc, ce qui explique cette allonge et cette tension », décrypte Loïc, qui possède aussi des chardonnays sur la parcelle. Rejoint depuis peu par sa sœur Blandine et toujours épaulé par ses parents Yves et Marie-Hélène, le Mercuréen de 43 ans représente la 7e génération d'une famille toujours impliquée dans ce vignoble phare de la Côte chalonnaise, sans jamais avoir exploité d'autres appellations. D'ailleurs, un certain Édouard de Suremain, aïeul de Loïc, a contribué avec d'autres vignerons à la reconnaissance du vin de Mercurey en 1923, qui est devenu ainsi l'une des premières appellations de France.

Domaine de Suremain | 71 Grande Rue, 71640 Mercurey | 03 85 98 04 92 | contact@domaine-de-suremain.com | domaine-de-suremain.com | Catégorie de prix : **

2021
2021
DOMAINE
DE SUREMAIN
Yves et Loic de Suremain
GRAND VIN DE BOURGOGNE
MERCUREY
1ER CRU
EN SAZENAY
APPELLATION MERCUREY 1ER CRU CONTRÔLÉE

86_Dessine-moi Mercurey

Clos des Ruelles monopole, 1er Cru, AOC Mercurey

À Mercurey, on surnomme les habitants de Chamirey « les loups ». Étonnant, tant on y est bien reçu ! Le château de Chamirey a fait de l'œnotourisme sa spécialité, devenant une référence en la matière en Côte chalonnaise. Spacieux caveau de dégustation, terrasse avec vue sur le vignoble à 240 degrés, salle de séminaire, balades en 4x4… Le domaine aime accueillir – jusqu'à 6 jours sur 7 en saison. « Nous avons la chance d'exploiter de nombreux Climats de Mercurey, aux typicités complexes et variées. Nous avons donc à cœur de le retranscrire à nos clients », souligne Aurore Devillard, propriétaire avec son frère Amaury.

Il est vrai qu'avec ses 37 hectares répartis en 25 parcelles, la propriété fait partie des illustres représentantes de l'appellation. Mention spéciale pour la gamme de 1ers crus, des mercureys de garde en parfait équilibre sur la ligne de crête entre concentration et puissance d'une part, finesse et complexité de l'autre. En rouge, le monopole Clos des Ruelles mérite l'attention pour son élégance. On trouve dans sa généreuse expression aromatique des accents de fruits rouges, de réglisse et d'épices douces, tandis qu'en finale, tanins soyeux et salinité s'entremêlent et prolongent le plaisir.

Un raffinement dont Amaury lève – en partie – le secret. « Notre grand-père et notre père avaient compris l'intérêt du matériel végétal et ont replanté des pinots fins, les plus qualitatifs bien que donnant des rendements moindres. » Dotés d'un sens aigu de la famille, frère comme sœur rendent hommage à ce passé, notamment grâce à leur vinothèque, un lieu qui leur est cher. Face au château, la bâtisse abrite – sans que le passant ne puisse s'en douter – des cuvées de chaque millésime depuis la création du domaine. « Les plus vieilles années n'ont pas forcément été stockées, alors nous en retrouvons aux enchères », confie Aurore, qui, avec son frère, tient à « entretenir une mémoire vivante du domaine ».

Château de Chamirey | Rue du Château, 71640 Mercurey | 03 85 44 53 20 | degustations@domaines-devillard.com | chamirey.com | Catégorie de prix : **

Château de Chamirey
Château de Chamirey
Héritiers du Marquis de Jouennes d'Herville
2021
Mercurey Premier Cru
Clos des Ruelles
Monopole
Grand Vin de Bourgogne

87_Vallée cachée

Clos de l'Évêché, AOC Bourgogne Côte Chalonnaise

La vallée des Vaux se mérite. Un peu à l'écart des célèbres villages de la Côte chalonnaise, il faut patience et curiosité pour l'atteindre. Mais une fois sur place, on se délecte de cette nature omniprésente, de ces petits villages faits de vieilles pierres, de ces vues plongeantes d'un versant à l'autre et du calme ambiant. Par rapport à la Côte, les appellations sont ici moins prestigieuses, les vignerons moins nombreux et les prix plus doux, ce qui n'empêche pas de trouver très beaux terroirs.

Sur les coteaux de Saint-Denis-de-Vaux, Quentin et Vincent Joussier produisent ce côte-chalonnaise rouge de caractère, au fruit bien mûr, au tanin gras et à la texture juteuse. Un « simple » bourgogne côte-chalonnaise certes, mais qui, grâce à son excellente facture, a tapé dans l'œil de toute la presse viticole. C'est le genre de cuvée qu'on aime avoir en cave, car on peut l'ouvrir sans risque aussi bien avec la planche de charcuterie du samedi soir qu'aux côtés du rôti de bœuf dominical. Pas besoin de garde pour l'apprécier. Spécialisé dans cette appellation Bourgogne Côte Chalonnaise, le domaine de l'Évêché produit quatre autres cuvées du cru, deux rouges et deux blancs. D'ailleurs, ce n'est pas un hasard si Quentin Joussier est devenu le président du syndicat de l'appellation, créée en 1990 sous l'impulsion de vignerons locaux, dont le « pape de la Bourgogne », Aubert de Villaine (voir chap. 79).

« À l'époque, on s'est aperçu qu'une partie de la Côte chalonnaise classée en appellation Bourgogne était située en coteau, produisant une qualité supérieure et méritant donc une appellation spécifique. Nous avons des terroirs variés, mais une identité se dégage. » À savoir des vins gourmands mais sans lourdeur, frais, avec des tanins assez fermes qui donnent du caractère. Et surtout dont on peut profiter dès les premières années. Autres belles adresses de l'appellation : Goubard, Gouffier, les Vignerons de Buxy (voir chap. 91) ou encore Les Champs de l'Abbaye (voir chap. 82).

Domaine de l'Évêché | 6 rue de l'Évêché, 71640 Saint-Denis-de-Vaux | 03 85 44 30 43 | contact@joussier.com | domainedeleveche.com | Catégorie de prix : *

CLOS DE L' ÉVÊCHÉ
2021
Quentin & Vincent
JOUSSIER
VITICULTEURS

88_Givry les bras ouverts

Clos Jus, 1er Cru, AOC Givry

« De gendre en gendre » : voilà comment se transmet le domaine Chofflet, aujourd'hui dirigé par Jonathan Brunot. Un vigneron trentenaire, mais qui a eu le temps d'en voir : après une école de commerce et Saint-Cyr, il a intégré le très sélect master de l'OIV qui consiste en un tour du monde des propriétés viticoles. Sa curiosité pas tout à fait rassasiée, le vigneron s'est installé à l'abbaye de Lerins, au large de Cannes, où il élaborait les vins. Sa dernière expérience avant un retour en Bourgogne. « Mon beau-père voulait passer la main et mon beau-frère ne souhaitait pas reprendre. L'année de mon arrivée, ils me donnaient les clefs du domaine. »

Le voilà à la tête d'une quinzaine d'hectares, 90 % de rouges. Le Clos Jus fait partie de ses fiertés, avec son nectar généreux et concentré, ses arômes de petites baies rouges bien mûres et ses tanins délicats. L'un des plus beaux 1ers crus de Givry, le meilleur selon certains. En blanc, Les Galaffres séduit par son nez intense de fruits blancs combiné à une minéralité saline en bouche et à une finale acidulée. C'est une constante : le domaine Chofflet aime le fruit et la gourmandise ; le fût de chêne, beaucoup moins.

Ces vins, Jonathan Brunot et son bras droit Fabrice Perroteau aiment les réaliser, mais encore plus les partager au caveau. « Recevoir, c'est chronophage. Mais c'est agréable de voir les clients apprécier le produit. Et ces particuliers seront toujours là. On était bien contents qu'ils viennent pendant le confinement », se souvient le vigneron, qui tient à limiter sa part d'export. Et à pratiquer une politique tarifaire modérée, dans un Givry dont la cote a explosé ces dernières années. Autre atout : un décalage entre la production et la commercialisation. « Ça m'embêterait de vendre un vin qu'on ne peut pas boire maintenant. Je garde même certains plus vieux millésimes pour les commandes destinées à des mariages. » Envie de déguster ? Passez un coup de fil pour être sûr de pouvoir être accueilli.

Domaine Chofflet | 3 rue de Sauges, 71640 Givry | 06 18 78 56 18 | contact@domaine-chofflet.com | domaine-chofflet.com | Catégorie de prix : **

2020
GIVRY 1ER CRU
CLOS JUS
DOMAINE
CHOFFLET
ARTISAN VIGNERON
A GIVRY
2020
GIVRY 1ER CRU
CLOS JUS
DOMAINE
CHOFFLET
ARTISAN VIGNERON
A GIVRY

89_ Vive le pinot fin !

Clos du Cellier aux Moines, 1er Cru, AOC Givry

Quel parcours que celui de Philippe Pascal. Après une carrière chez LVMH, où il devint le bras droit de Bernard Arnault, l'agronome de formation décida de redonner vie à l'un des plus vieux domaines de Bourgogne, et de s'y installer. Quand il prit possession, avec sa femme Catherine, de cette « filiale » des moines de Cîteaux, fondée il y a 9 siècles, ce fut avec un projet d'excellence, mais dans le respect des lieux et de leur histoire.

Côté vignes, l'acquéreur procéda pas à pas, bénéficiant des conseils avisés de voisins vignerons comme François Lumpp et comptant sur l'expérience de Guillaume Marko, directeur technique au CV lui aussi bien fourni, notamment grâce à un passage par la Romanée-Conti. La transformation de ce cellier qui surplombe Givry est passée, avant tout, par la replantation. « Notre partie du clos était plantée de clones de pinot noir très productifs, mais peu qualitatifs. C'était problématique sur un aussi beau terroir. Il faut rappeler que le cours de ce vin atteignait celui des volnays avant la Révolution. Nous avons donc entamé une replantation intégrale de 2008 à 2022, avec des pinots fins et très fins issus de sélections massales. » Soit avec plus de qualité et plus de diversité génétique. Pour Philippe Pascal, « c'est le jour et la nuit en dégustation. On a gagné en complexité et en finesse avec les jeunes vignes ».

Aujourd'hui, ce 1er Cru allie la gourmandise de Givry, l'élégance du pinot noir et le caractère des grands Climats en coteaux. Sa matière charnue fait goûter des baies juteuses de burlat et de cassis, une charpente affirmée mais pas anguleuse, et une tension naturelle, qui assure un grand potentiel de garde. En un peu plus de 20 ans d'existence, le domaine est aussi passé au bio certifié, puis à la biodynamie, sans compter les expérimentations de viticulture alternative qui fleurissent : essais de paillage, de tressage des vignes, conduite sur échalas... « Et nous n'en sommes qu'au début ! », assure Philippe Pascal.

Domaine du Cellier aux Moines | Cellier aux Moines, 71640 Givry | 03 85 44 53 75 | contact@cellierauxmoines.com | cellierauxmoines.com | Catégorie de prix : **

CELLIER AUX MOINES
CLOS DU CELLIER AUX MOINES
GIVRY PREMIER CRU
2019
DOMAINE DU CELLIER AUX MOIN
fondé v. 1130

90_De mère en fille

Les Crêts, AOC Montagny

Peut-on dire d'un vin qu'il est féminin ? Aujourd'hui encore, les amateurs en font un débat, qu'il n'est pas question de trancher ici. Pour leur part, les vigneronnes Françoise Feuillat-Juillot et sa fille Camille Feuillat tiennent à l'expression – elles défendent un « Montagny au féminin ». Il est vrai que Françoise était la seule femme de l'appellation au moment de la reprise du domaine. Par ailleurs, « nous cherchons de la fraîcheur et de la minéralité dans nos vins », souligne Camille, qui précise d'emblée que « cela est une question de goût, pas de personne. On le voit en dégustation : un homme peut très bien faire un vin féminin, et vice versa ».

Parmi les références de l'appellation, leurs cuvées proposent en effet des accents minéraux intenses, une tension à toute épreuve et une construction ciselée, de même qu'un boisé fort discret. Un vrai parti pris au sein de cette appellation, et plus largement au sein de la grande famille des blancs de Bourgogne. Le montagny Les Crêts fournit une belle entrée en matière. « C'est un haut de coteaux, exposé nord-est et assez gélif. Il contient des gryphées, des fossiles typiques de la Côte chalonnaise », décrit Camille. D'où ce profil tendu, crayeux, floral, qui aura du succès aussi bien à l'apéritif qu'avec des fruits de mer. Pour dérouter vos convives, accompagnez-le d'un fromage crémeux du type brillat-savarin : un mariage complémentaire magique !

La cuvée rappelle que l'appellation, 100 % dédiée au chardonnay, s'approche par sa nature des lointaines contrées chablisiennes, et on ne peut s'empêcher de trouver quelques similitudes dans le verre, ces notes « coquillées ». Dans le reste de la gamme, Les Coères a du succès avec son incroyable longueur en bouche, ainsi que Les Grappes d'Or, gourmand et structuré. Voilà un domaine à visiter dans un village qui compte bien des atouts : la beauté de ses paysages, ses chemins de randonnée et d'autres producteurs aux styles différents, mais tout aussi talentueux.

Domaine Feuillat-Juillot | 11 route de Montorge, 71390 Montagny-lès-Buxy | 06 72 74 96 08 | domaine@feuillat-juillot.com | feuillat-juillot.com | Catégorie de prix : *

RÉCOLTE 2020
MONTAGNY
LES CRÊTS
DOMAINE
FEUILLAT-JUILLOT

91 L'art de l'apéritif

Millebuis, 1er Cru, AOC Montagny

Ce vin est probablement la plus belle affaire de Bourgogne en 1er cru, tant il est difficile de trouver un chardonnay aussi abouti à ce prix dans la région. Fruit, amplitude, longueur et salinité en font un complice de l'apéritif autant que du poisson blanc ou du fromage à pâte dure, comme un comté affiné. Le tout à qualité constante d'un millésime à l'autre, travail coopératif oblige. Une cuvée phare de la cave des vignerons de Buxy, qui comptent environ 1 100 hectares répartis sur toute la Côte chalonnaise.

Signe engageant : les locaux défilent toute l'année dans le très moderne caveau du bourg. Ils y trouvent une vaste gamme, comprenant aussi de jolis rouges du secteur, comme le givry 1er Cru Clos Marceaux, un pinot dense, concentré et charpenté, aux accents de fruits noirs et d'épices, taillé pour une longue garde. Ou le mercurey 1er Cru, modèle d'équilibre et de complexité, avec sa texture souple et ses tanins délicats. L'un comme l'autre sont, encore une fois, proposés à des prix bien en deçà de la moyenne.

La cave s'est aussi spécialisée ces dernières années dans l'événementiel œnotouristique. Son « apéritif-mystère » en saison basse et son « apéritif-flottant » en saison haute font un carton. Le premier consiste en une soirée gourmande dont le lieu n'est connu qu'au dernier moment, sur le thème « accords lieux-mets-vins ». Le second se déroule en fin de journée l'été. Rendez-vous en bord de Saône, où vous accédez à une petite péniche qui vous accueille pour une croisière sur la rivière, pendant laquelle six vins de la cave sont dégustés. « À chaque fois, nous présentons les vins et les appellations, mais de manière assez brève, afin de laisser la place aux discussions spontanées. L'idée est avant tout de passer un bon moment », souligne Stéphanie Grachet, du service œnotourisme. Ajoutez l'« apéritif en goguette », une déambulation dans le vignoble les soirs d'été, verre en main. Bref, des expériences épicuriennes comme la Côte chalonnaise sait en produire.

Vignerons de Buxy | 4-6 route de Chalon, 71390 Buxy | 03 85 92 04 30 | contact@millebuis.fr | millebuis.fr | Catégorie de prix : *

2021
Millebuis
· GRAND VIN DE BOURGOGNE ·
MONTAGNY 1ER CRU
APPELLATION D'ORIGINE CONTRÔLÉE
MIS EN BOUTEILLE À LA PROPRIÉTÉ PAR VIGNERONS DE BUXY, 71390 BUXY, FRANCE

92_Crémant prioritaire

Extra brut millésimé bio, AOC Crémant de Bourgogne

Le crémant est parfois la cinquième roue du carrosse en Bourgogne. Certains vignerons le voient comme un complément à leur gamme de vins tranquilles, lui accordant les parcelles les moins qualitatives qu'ils n'hésitent pas à réquisitionner pour faire du rouge ou du blanc lors des millésimes peu généreux en rendements. François Chapuis a la logique inverse. « Ce crémant est composé essentiellement de pinot noir et de chardonnay. L'un et l'autre proviennent de belles parcelles, en particulier le pinot noir, issu d'un coteau, et dont les pieds ont plus de 70 ans. »

La cave de Mancey, chargée de l'élaboration, lui accorde les meilleurs soins, avec notamment un élevage sur lattes qui peut atteindre 3 ans. Résultat : le pinot apporte son fruit et sa vinosité, le chardonnay sa vivacité. Ainsi, on a dans le verre un crémant avec beaucoup d'amplitude. La bulle est fine et abondante, l'attaque très franche. Mais la trame dévoile une certaine complexité, avec ses nuances de pomme croquante, de fruits exotiques, d'épices douces et de brioche. La finale est persistante et acidulée, laissant une impression de fraîcheur en bouche. « Même lors des années difficiles, comme 2021 et ses gelées, je tiens à faire ce crémant », insiste le vigneron, qui confesse : « À la maison, on ne boit plus que celui-là ! »

Pour s'en procurer, rendez-vous à la cave des Vignerons de Mancey, non loin de l'autoroute A6, à Tournus. La coopérative de taille familiale propose une belle gamme de vins du sud de la Bourgogne, mais pas uniquement. On y trouve aussi la gamme de bourgognes de Vigne en Verre, un collectif de vignerons de toute la région, ainsi que du Beaujolais voisin. La cave aime accueillir et organise tout au long de l'année des ateliers dégustation, des soirées et des sorties dans le vignoble. Dans ses locaux, son espace scénographique permettra aussi, en quelques minutes, de vous familiariser avec l'univers des vins de Bourgogne.

Les Vignerons de Mancey | D906, En Velnoux, 71700 Tournus | 03 85 51 71 62 | contact@cave-mancey.com | lesvigneronsdemancey.fr | Catégorie de prix : **

CRÉMANT

93 Beauté froide

Clos des Avoueries, AOC Mâcon-Cruzille

On ne répétera jamais assez que les grands blancs de Bourgogne ne se trouvent pas qu'en côte de Beaune et à Chablis. Il ne faut pas oublier le Mâconnais ! Preuve en est ce Clos des Avoueries. Une parcelle atypique, pratiquement inconnue, et pour cause : ses 5 hectares se lovent dans un écrin forestier qui la protège des regards. « C'est un lieu très particulier, un peu magique. Quand je l'ai vue, j'ai tout de suite su que je voulais la vinifier », s'émerveille Frédéric Servais, régisseur du domaine depuis 2018.

Le lieu, repris en main par une famille d'investisseurs suisses depuis 35 ans, « bénéficie d'un terroir à blancs exceptionnel, avec sa fine couche d'argile rouge sur une dalle calcaire, ainsi que des haies et bosquets qui apportent des écosystèmes riches et un jeu d'ombre et de lumière, laquelle a une incidence sur la maturation des raisins ». La vitiforesterie, objectif de nombreux domaines aujourd'hui, fut ici mise en place dès le début. Ce clos est vinifié entièrement en microparcelles, dont « Calcaire ». « C'est l'endroit où la couche de terre est la plus mince : la vigne pousse presque directement sur la roche calcaire, et y plonge ses racines. »

Le chardonnay y puise un profil typique des grands terroirs minéraux de Bourgogne, soit puissant, mais pas dans le sens où on peut l'entendre d'ordinaire : ni alcool brûlant, ni sucrosité, ni fruit exubérant. Cette puissance est plutôt faite d'une sensation d'intensité, de verticalité. Au nez, on perçoit cette pointe de « réduction noble », signature de certains chablis ou côtes de Beaune ; on discernera selon les palais des notes de fruits secs, de silex et de graines torréfiées. Puis en bouche, de fraîches nuances d'agrumes qui évoluent vers une longue finale saline. Ainsi qu'une déroutante sensation mentholée. « Ce côté froid de la cuvée m'a surpris lors des premières vinifications. C'est vraiment sa signature. Je l'attribue à cet environnement, je ne vois pas d'autre explication. »

Domaine du Château de Messey | Messey, 71700 Ozenay | 03 85 51 33 83 | chateau@demessey.com | chateaudemessey.com | Catégorie de prix : **

CHÂTEAU
de
MESSEY

94 Une bulle hors du temps

Immémorial, AOC Crémant de Bourgogne

La cave de Lugny fait partie des producteurs qui comptent en Bourgogne. Avec plus de 1 000 hectares vinifiés, comprenant tout le Mâconnais, sa gamme est une excellente première approche de ce vignoble du Sud bourguignon dédié presque exclusivement au chardonnay. Ici, deux grandes spécialités : les blancs, avec en particulier l'appellation Mâcon-Lugny, vouée à prendre du galon dans la hiérarchie des vins de Bourgogne, et les crémants, des bulles qui méritent le détour. « Notre style a toujours mis en valeur la fraîcheur des vins, avant que ce soit la mode. Cela vaut pour les blancs comme pour les crémants. Nous vendangeons souvent tôt », confie Édouard Cassanet, qui a longtemps dirigé la cave avant de passer la main, en 2023, à Stéphane Garrigue.

Ici, les effervescents ont leur propre marque, Sainchargny. Leur champion : le haut de gamme Immémorial. « Pour cette cuvée, nous respectons les conditions de production des Grands Éminents, le label d'excellence des crémants de Bourgogne. Ainsi, seuls les meilleurs jus entrent dans l'assemblage, et le temps d'élevage sur lattes dépasse les 3 ans », détaille Sophie Obszynski, œnologue de la cave, qui reconnaît volontiers « chercher à chatouiller le style champenois » avec cet effervescent. Sans toutefois renier ses origines bourguignonnes : « C'est un 100 % chardonnay, ce qui correspond à l'identité du Mâconnais, dont on retrouve les spécificités en bouche. » Rien de plus vrai : la tension, la droiture, l'intensité des arômes de citron, de fruits jaunes et de noisette ainsi qu'une finale salivante s'associent à une bulle fine pour créer un crémant pas comme les autres. Le reste de la très large gamme est à découvrir au caveau de Lugny, où l'on est toujours bien reçu. La cave propose de déguster ses vins sur une terrasse avec vue sur les vignes, et de parcourir ses parcelles en famille grâce à des chemins balisés.

Cave de Lugny | 995 rue des Charmes, 71260 Lugny |
03 85 33 22 85 | commercial@cave-lugny.com | cave-lugny.com |
Catégorie de prix : **

SAINCHARGNY
Crémant de Bourgogne
IMMÉMORIAL
BRUT
PRODUIT DE FRANCE

95 Riche chardonnay

Saint-Pierre, AOC Mâcon-Lugny Blanc

Maintenant connu pour ses cinq appellations « villages » (Pouilly-Fuissé, Pouilly-Loché, Pouilly-Vinzelles, Saint-Véran et Viré-Clessé), le vignoble du Mâconnais pourrait bientôt compter sur un sixième représentant : Lugny. Pour l'instant classé à l'échelon régional, le village et ses grands plateaux dédiés au chardonnay ont des atouts à faire valoir.

Le domaine des Carmes y produit deux cuvées parcellaires qui font l'unanimité chez les dégustateurs, lors des concours notamment. Le mâcon-lugny Les Bordes joue sur l'intensité minérale issue de son terroir calcaire, dont il tire tension, salinité et longueur. Quant au mâcon-lugny Saint-Pierre, il propose un registre bien différent, dont l'originalité au sein de l'univers des chardonnays de Bourgogne mérite une mention. « Avec Les Genièvres et Les Charmes, ce terroir est l'une des têtes de pont de notre village. C'est un lieu réputé grâce à sa diversité géologique, mais aussi à ses très belles expositions », explique Thomas Rattez, propriétaire du domaine. Le vigneron extrait ici une cuvée particulièrement solaire et sèveuse, au fruit très mûr (pêche, fruits exotiques), dénotant même quelques arômes de miel. « On le conseille beaucoup sur des volailles, comme un poulet de la Bresse ou du veau, ainsi que sur des fromages de chèvre ou de Savoie, voire des pâtes persillées pas trop puissantes, comme le bleu de Gex. Les escargots ou les grenouilles lui conviennent aussi très bien. »

Avec sa concentration naturelle, le Saint-Pierre est un peu long à venir : « Il est intéressant de l'ouvrir après 3 à 5 ans de garde », conseille Thomas Rattez. Cela ne vous a pas échappé, la cuvée bénéficie du grand avantage de ce vignoble discret qu'est le Mâconnais nord, à savoir ses prix amicaux. Un détour par le domaine vaut la peine, vous y serez accueillis de cette manière simple et conviviale dont sait faire preuve la Bourgogne du sud.

Domaine des Carmes | 1 route de Mâcon, 71260 Bissy-la-Mâconnaise | 06 86 38 35 91 | contact@domainedescarmes.fr | domainedescarmes.fr | Catégorie de prix : *

Domaine des Carmes
MÂCON-LUGNY
Saint-Pierre
2020

96_Occasion en or

Clos du Buc monopole, AOC Viré-Clessé

Le Mâconnais recèle encore quelques pépites cachées : des parcelles qui faisaient de grands vins il y a de cela des siècles, aujourd'hui tombées dans l'oubli. C'est d'ailleurs le thème d'une bande dessinée écrite par le vigneron du cru Manu Guillot, *Un grand bourgogne oublié*.

La parcelle qui nous intéresse ici n'a pas encore inspiré de bande dessinée, mais il y a peut-être matière… En 2017, la famille Chaland a acquis un terrain constructible sur les hauts de Viré. « Le lot comprenait aussi une très vieille vigne, que l'on a bien sûr exploitée. En faisant des recherches, on s'est aperçu qu'il s'agissait d'un lieu hors du commun : un ancien clos viticole, dit clos du Buc, dont toute une partie restait à planter, et dont nous avions désormais le monopole », raconte, encore étonné, Jean-Marie Chaland, vigneron du domaine. « C'est un superbe terroir de marnes bleues, en haut de coteaux, avec des vignes d'environ 90 ans. On jouxte de vieux cèdres et de vieux chênes, ce qui donne une ambiance particulière, et peut-être même des arômes particuliers, car on trouve des notes de baies de genièvre dans ce vin. » Qu'on les décèle ou pas, on savourera ce chardonnay d'une grande pureté. Sa trame est droite, tendue, saline, ses arômes de fruits du verger et de citron confit d'une grande finesse, et sa finale longue et subtile. Déroutant, dans une appellation réputée pour ses chardonnays tout en rondeur.

Côté cave, le vigneron fait le choix d'un long élevage sous bois, avec 10 % de fûts neufs. « Les beaux terroirs, il faut les accompagner, pour qu'ils maturent », insiste-t-il tout en assurant l'excellent potentiel de garde de son monopole : « Les Clos du Buc se révèlent au bout de 2 à 3 ans, et s'affinent pendant 10 ans, voire plus en magnum. » Une nouvelle preuve que les chardonnays de terroir, partout en Bourgogne, sont taillés pour vieillir. C'est d'ailleurs le cas d'autres cuvées de ce domaine partisan du travail micro-parcellaire – comme L'Épinet ou le Thurissey.

Domaine Jean-Marie Chaland | Rue de la Grappe-d'Or, 71260 Viré | 09 64 48 09 44 | jean-marie.chaland@orange.fr | jeanmariechaland.com | Catégorie de prix : **

GRAND VIN DE BOURGOGNE
Viré-Clessé
APPELLATION VIRÉ-CLESSÉ CONTRÔLÉE
CLOS DU BUC
Jean-Marie
CHALAND
MIS EN BOUTEILLE AU DOMAINE SAINTE BARBE

97 La noblesse des limons

Quintaine, AOC Viré-Clessé

Dans les années 80, alors que les premières machines à vendanger se déployaient et que la chimie avait déjà conquis le monde viticole, quelques vignerons de Bourgogne allèrent à contre-courant. En côte de Beaune, ce fut le cas de Rateau, Giboulot ou Montchovet, pour ne citer qu'eux. Et Guillemot-Michel dans le Mâconnais. En passant en bio en 1985 et en biodynamie en 1992, Marc Guillemot et Pierrette Michel ont joué gros. Ils ont même été « pris pour des fous » par leurs confrères vignerons, s'amuse Gautier Roussille, leur gendre, qui a rejoint le domaine avec leur fille Sophie. Quatre œnologues : une belle densité pour une propriété de 6,5 hectares !

L'ensemble prend place sur les doux coteaux de Quintaine, terroir réputé de Clessé. Des terres aux caractéristiques très particulières. « On est sur du Jurassique moyen, donc des sols un peu plus vieux que la plupart des terroirs à blanc de Bourgogne. Ici, on a moins de calcaire actif, ce qui donne, dans nos vins, des minéralités moins crayeuses que celles du Chablisien, et plus proche de celles du Jura. » Le secteur est aussi chargé en limon, chose rare en Bourgogne. « Cela confère naturellement de la maturité et de la gourmandise. On n'a pas besoin d'habiller la cuvée avec du bois, on l'élève en cuves. » D'où ce chardonnay singulier, à l'aromatique mûre et concentrée. On y distingue bien souvent le coing, la mirabelle et les zestes d'agrumes, articulés autour d'une colonne vertébrale acidulée et texturée. Autre point crucial : ce Quintaine « voit l'oxygène en vinification, ce qui le rend particulièrement stable par la suite ». Ce qui lui confère cet autre caractère typique : une patine noble, qui apporte des notes exotiques et miellées. « Cela garantit un beau potentiel de garde », assure Gautier Roussille. Il est vrai qu'en dégustation verticale, l'énergie des vieux millésimes surprend. D'ailleurs, même une bouteille ouverte garde son aromatique plusieurs jours, voire quelques semaines. Impressionnant.

Domaine Guillemot-Michel | 664 route de Quintaine, 71260 Clessé | 03 85 36 95 88 | sceadequintaine@wanadoo.fr | domaineguillemotmichel.net | Catégorie de prix : **

2021
QUINTAINE
2021
Sophie, Gautier, Pierrette et Marc
GUILLEMOT-MICHEL
QUINTAINE
DOMAINE EN BIODYNAMIE DEPUIS 1992

98_En toute simplicité

AOC Mâcon-Péronne

Le Mâconnais se distingue du reste de la Bourgogne par sa tradition coopérative. Porté par les références de Lugny (voir chap. 94) et des Terres Secrètes (voir chap. 104), le vignoble compte aussi nombre de plus petites caves, qui, bien que moins en vue, proposent une production tout aussi qualitative.

La Cave d'Azé en fait partie. Cette coopérative regroupant un peu plus de 250 hectares jouit d'une bonne situation, à deux pas des célèbres grottes d'Azé, site préhistorique très visité, et non loin des villes de Tournus et de Mâcon. La structure discrète accueille et fait déguster sa gamme au caveau. On y trouve en majorité des chardonnays, dont le mâcon-péronne, qui fait souvent partie des coups de cœur. Dans ces terroirs calcaires bien exposés, le cépage extrait une matière ronde et révèle lors des millésimes chauds des arômes très gourmands de fruits jaunes, de melon ou de fruits exotiques. Le tout sans perdre de sa fraîcheur. Deux qualités qui en font l'escorte idéale d'un apéritif d'été ou bien d'un fromage de chèvre du Mâconnais. La cave produit aussi une curiosité : la cuvée 171. Ce sont des bouteilles qui ont vieilli en partie à 80 mètres sous terre, au cœur des fameuses grottes d'Azé. Le nom de la cuvée évoque les 171 jours passés sous terre, ainsi que la mer du Jurassique, présente en Bourgogne il y a 171 millions d'années.

Au-delà de ces initiatives originales, l'aspect plaisant de la Cave d'Azé est qu'elle est restée fidèle à l'une des grandes qualités du Mâconnais et de ses coopératives : la simplicité. Ainsi, l'accueil est chaleureux et les prix sont ceux du vin de tous les jours, celui que nos grands-parents avaient coutume de boire. De plus, la boutique propose, outre ses bouteilles, des bag-in-box et même du vin en vrac, dans un espace où l'on se sert soi-même des différentes cuvées dans ses propres contenants. La Bourgogne des grands vins mérite largement son prestige, quitte à parfois complexer. Rien de tel ici.

Cave d'Azé | 513 rue basse, 71260 Azé | 03 85 33 30 92 | contact@caveaze.com | caveaze.com | Catégorie de prix : *

MÂCON PERONNE
APPELLATION D'ORIGINE PROTÉGÉE
VIN DE BOURGOGNE

99_Success story mâconnaise

AOC Mâcon-Villages

Il a monté son domaine à 19 ans ! Alexis Pollier faisait alors partie des plus jeunes vignerons de Bourgogne. Tout juste trentenaire, il peut déjà se targuer d'une expérience de près d'une décennie dans les vins du Mâconnais. Une aventure suivie de près par sa famille, qui possède un domaine à Fuissé depuis cinq générations. « Je me suis installé juste à côté de mes parents. L'idée n'était pas du tout de m'isoler de ma famille : on s'aide régulièrement. Mais j'avais envie de faire les choses par moi-même, de m'inspirer du savoir-faire familial tout en apportant ma pierre. »

Il faut dire que le Fusséen déborde d'énergie. Multipliant les salons pour faire connaître ses cuvées, il s'est rapidement fait remarquer. « Un célèbre magazine anglo-saxon a distingué mon mâcon-villages dès le premier millésime. Ma notoriété a fait un bond ! » La cuvée en question mérite toute notre attention. Issue d'un terroir d'Igé, en Nord-Mâconnais, dans la « petite » appellation Mâcon-Villages, elle surprend par sa complexité. « Cette vigne est une pépite, en milieu de coteau, sur un très beau terroir, un vrai millefeuille d'argile et de calcaire. » En bouteille, ce chardonnay s'articule autour de nuances fruitées et florales précises, d'une jolie fraîcheur acidulée et d'une salinité typique des meilleurs villages du Mâconnais. On se délecte de sa longue finale, une qualité qu'on attend plutôt d'un saint-véran ou d'un pouilly-fuissé. Voilà un profil polyvalent, idéal en apéritif, mais taillé pour accompagner un joli poisson, et doté d'un potentiel de garde de quelques années.

Jamais à court de projets, Alexis Pollier vient de lancer avec sa compagne et un associé un concept œnotouristique original : des balades en motocross 100 % électriques. « Les engins ressemblent à de gros vélos électriques. La balade vous emmène 2 heures à travers le vignoble, avec une dégustation à la fin. » Une idée insolite trouvée lors d'une discussion entre amis. Autour d'un verre de mâcon-villages ?

Domaine Alexis Pollier | 141 chemin des Vernay, 71960 Fuissé | 06 34 65 49 04 | domainealexispollier@gmail.com | Catégorie de prix : *

ALEXIS
POLLIER
ALEXIS
POLLIER
MÂCON-VILLAGES
APPELLATION D'ORIGINE PROTÉGÉE

100_Perle d'Igé

Château-London, AOC Mâcon-Igé

Inutile de le prononcer à l'anglaise : ce vin n'a rien à voir avec Buckingham Palace. Le nom du lieu-dit Château-London provient de son ancien propriétaire, un monsieur habitant une certaine rue Landon, à Paris. Probablement une erreur de transcription ! C'est l'un des premiers lieux-dits revendiqués du Mâconnais et ce n'est, comme souvent, pas un hasard. Ce coteau exposé au couchant bénéficie d'un complexe sol calcaire, idéal pour le chardonnay.

Si tout le Mâconnais est une terre promise pour le négoce côte-d'orien, c'est particulièrement le cas avec cette parcelle, bien connue des locaux comme des Beaunois. Ainsi, la maison Prosper Maufoux, désormais sise à Saint-Aubin, tire de cette vigne un chardonnay tendu et délicat, reconnaissable d'une année à l'autre par ses notes de fleurs blanches et d'agrumes, ainsi que par sa finale saline. Les millésimes chauds lui siéent à merveille, apportant une touche d'onctuosité. Une valeur sûre et un très bon rapport qualité-prix pour qui aime le chardonnay de Bourgogne. Encore une perle d'Igé, village qui mérite décidément le détour.

Par ailleurs, la maison Prosper Maufoux, propriété en pleine renaissance depuis son rachat par la famille Piffaut, également propriétaire du célèbre producteur de crémants Veuve Ambal, propose une offre variée avec deux spécialités. D'une part, les grands blancs de la côte de Beaune : le criots-bâtard-montrachet, par exemple, séduit par son incroyable densité, typique des grands crus blancs. D'autre part, les vins – très en vogue – des Hautes Côtes. Il faut citer là l'énergique Domaine Vigne au Roy, un hautes-côtes-de-nuits. Le déguster au domaine vaut la peine. La maison accueille les visiteurs au château de Saint-Aubin, bâtisse immaculée dans laquelle on trouve aussi des chambres d'hôtes pleines de charme. Non loin se situe le restaurant du domaine, Le Prosper, lové dans une verrière avec vue sur les vignes. L'occasion de mettre la production de la maison à l'épreuve de l'accord mets-vins.

Maison Prosper Maufoux | 3 rue des Lavières, 21190 Saint-Aubin | 03 80 20 68 71 | contact@prosper-maufoux.com | proposer-maufoux.com | Catégorie de prix : *

Prosper Maufoux
2021
FONDÉE EN 1860
Prosper Maufoux
MÂCON-IGÉ
APPELLATION MÂCON-IGÉ CONTRÔLÉE
LIEU DIT CHÂTEAU LONDON
VIN DE BOURGOGNE
PROSPER MAUFOUX, 21190 SAINT-AUBIN, FRANCE

101_ Travail passion

Cuvée Alphonse, AOC Mâcon Milly-Lamartine

Pour un amoureux du vin, c'est la caverne d'Ali Baba. Le musée du château de la Greffière présente des centaines d'outils des vignerons d'antan : pressoirs en bois, sulfateuses, tuyaux de cuir, canons anti-grêle, alambics, pompes à main… « Mes clients qui viennent de la campagne ont vu les mêmes choses dans leurs familles. Mais les clients américains me disent : c'est plus vieux que mon pays ! », s'amuse Xavier Greuzard, cogérant avec son beau-frère Gaylord Petrillo.

L'inséparable duo tient à cette collection, témoignage d'un passé respecté. « Jusque dans les années 90, le domaine était en polyculture, avec des taurillons en élevage, et même des céréales jusqu'en 2002 », se souvient le vigneron. Aujourd'hui, la famille, installée au cœur de ses parcelles, se dédie exclusivement au vin, mais a gardé de ses ancêtres le bon sens paysan et l'amour de l'effort. Plus de place pour les bouteilles ? Les Greuzard creusent une cave. Besoin d'un tracteur ? Ils en construisent un. « On a un maçon et un mécano à plein temps. On fait tout nous-mêmes. Une journée on peut labourer, faire de l'administratif, recevoir des clients et monter un mur… », sourit Gaylord. Du boulot 7 jours sur 7, mais « pour nous ce n'est même pas du travail, on a la chance de vivre de notre passion ».

L'autonomie va jusqu'à l'eau, grâce à l'exploitation d'une source sous les vignes, désormais cultivées en bio. On retrouve dans les vins les valeurs du domaine : les cuvées sont droites, bien travaillées, avec des personnalités affirmées, mais toujours faciles d'approche. Ainsi, le très gourmand Mâcon Milly-Lamartine cuvée Alphonse propose un plaisir immédiat avec sa texture charnue et ses fraîches nuances d'agrumes. Beaucoup y trouvent des notes de caramel au beurre salé. « L'altitude de la parcelle apporte de la tension, et son terroir argileux de la richesse », décrypte Gaylord. Comme le reste de la gamme, on en profite à un bon rapport qualité-prix, car « c'est aussi ça, un vin de plaisir ».

Château de la Greffière | 71960 La Roche-Vineuse | 03 85 37 79 11 | info@chateaudelagreffiere.com | chateaudelagreffiere.com | Catégorie de prix : *

«Je ne suis pas poète
je suis vigneron»
CUVÉE ALPHONSE

102_Fier gamay

Coline, AOC Mâcon-Bussières

Dans une ordonnance de 1395, Philippe le Hardi, duc de Bourgogne, interdit dans son ressort la culture du « très mauvais et très déloyal plant, nommé gamay ». Rien que ça. Le cépage était alors considéré trop productif et trop peu qualitatif. Ce fut le début du désamour bourguignon pour ce raisin si apprécié en Beaujolais, en Val de Loire ou en Suisse. La variété, autrefois omniprésente, n'occupe plus que 3 % du vignoble bourguignon de nos jours.

Un petit ratio issu presque exclusivement du Mâconnais, et notamment de chez Philippe Trébignaud, copropriétaire du domaine de la Sarazinière. Pour lui, « le cépage a toute sa place dans nos vignes. Bien travaillé, il donne des expressions très intéressantes ». Ainsi, « un tiers de notre domaine est planté de gamay, dont certains datent de l'époque de mon grand-père. C'est un choix rare, car les blancs du Mâconnais ont bien plus de succès. Mais nous aimons ce cépage, et nous tenons à cette tradition. Nous pensons même en replanter. »

La famille en extrait trois cuvées, chacune sur des terroirs bien différents. Le Coline naît de sols argilo-calcaires typiquement locaux et offre ainsi un véritable gamay de Bourgogne. En bouche, on jongle entre le fruité très gourmand (fraise et framboise) à attribuer au cépage, et le touché frais et aérien résultant du terroir. Le côté digeste de la cuvée vient aussi des extractions délicates et du sulfitage faible privilégié par le domaine. Ce tropisme rouge ne doit pas faire oublier la très belle production de chardonnays de la Sarazinière, qui réalise aussi des pouilly-fuissé de haute volée. Mentionnons le 1er Cru Vers Cras, au nez délicat et fleuri ; il possède une attaque incisive laissant place à une bouche consistante dévoilant d'élégantes notes de fleurs (jasmin) et cire d'abeille, accompagnées d'accents rocailleux révélateurs de ce terroir calcaire. Gamay, pinot, aligoté ou chardonnay : qu'importe le cépage, pourvu qu'on ait le savoir-faire.

Domaine de la Sarazinière | 1081 route Alphonse-de-Lamartine, 71960 Bussières | 06 11 96 85 27 | philippe.trebignaud@saraziniere.com | saraziniere.com | Catégorie de prix : *

domaine de la
saraziniere
VIN DE BOURGOGNE
MÂCON-BUSSIÈRES

103 Sans soufre et sans faille

Rift 71, AOC Mâcon-Villages

Réussir un vin sans sulfites, c'est difficile ! Quoi qu'en disent les thuriféraires de la pratique, la majeure partie de ces cuvées dites « nature » apportent leur lot de déviances aromatiques, offrant une piètre image du vin et de leur appellation. Mais quand la technique est maîtrisée, quel régal !

C'est le cas ici : le Rift 71 de la maison Jean Loron offre une matière juteuse et savoureuse. Très affable, ce chardonnay se livre entier, sans gaine, dévoilant ses arômes de pêche juteuse et de poire Williams bien mûre, le tout équilibré par une belle fraîcheur. Cette sensation fruitée se prolonge longuement en finale. Un vin gourmand et digeste issu des terroirs argilo-calcaires du Mâconnais, qui n'aurait pu voir le jour sans le savoir-faire de Frédéric Maignet et de son prédécesseur Jean-Pierre Rodet. Celui qui a longtemps été vinificateur de la maison a été initié à la pratique par le scientifique Jules Chauvet, précurseur des vins sans soufre. Ainsi, cette cuvée si facile à boire est en réalité très difficile à réaliser. « Pour éviter toute altération, son élevage est réalisé en cuves inox sur lies fines, et sous gaz neutre afin de protéger le vin de l'oxygène », précise l'œnologue.

Le Rift 71 peut compter sur deux alter egos : le Rift 69 rouge et le Rift 69 rosé, deux gamays. Pour décrypter le nom, c'est simple : *rift* signifie « faille » en anglais et rend hommage aux formations géologiques du Mâconnais et du Beaujolais. Le chiffre, quant à lui, renvoie au département de la parcelle. En effet, Jean Loron est à cheval entre le 71 et le 69, entre la Bourgogne et le Beaujolais. La maison s'est donc spécialisée dans les vins du Mâconnais, et dans les crus du Beaujolais ! La propriété mise sur l'œnotourisme et propose un joli choix de visites, de dégustations et d'ateliers sur mesure. Sa dernière création : une visite-spectacle animée par une troupe de théâtre dans les locaux, dont le scénario s'inspire de *Charlie et la Chocolaterie*. Son nom : *Jean et la Winery*.

Maison Jean Loron | 1846 D906, Pontanevaux, 71570 La Chapelle-de-Guinchay | 03 85 36 81 20 | vinloron@loron.fr | loron.fr | Catégorie de prix : *

CHARDONNAY
2022
RIFT 71
SANS SULFITES AJOUTÉS
JEAN LORON

104 Le plus vert des blancs

Cerço, AOC Saint-Véran

Issue de la fusion des caves de Prissé, Sologny et Verzé, la coopérative des Vignerons des Terres Secrètes a choisi ce nom élégant en 2006. « Le Mâconnais était alors un territoire bien moins connu qu'aujourd'hui, notamment ses plus beaux terroirs », décrypte Charles Lamboley, directeur communication et marketing de cette cave fer de lance et premier producteur de l'appellation Saint-Véran.

Fidèle à son nouveau nom, la coopérative fut parmi les premières à se lancer dans un travail parcellaire. Aujourd'hui, plus de 60 sélections sont vinifiées séparément, avant d'éventuels assemblages. Un travail qui se fonde sur un lien très fort entre le vigneron et la cave. Mais les Terres Secrètes ne se reposent pas sur cet acquis : elles aiment avoir un coup d'avance et ont lancé, en 2020, un projet ambitieux avec Nuiton-Beaunoy, l'unique coopérative de la Côte-d'Or, qu'elles côtoient au sein du groupe Vignerons associés des monts de Bourgogne. Ensemble, elles ont pour but de créer une gamme de cuvées totalement éco-conçues, du raisin à la bouteille. « C'est lors d'une visite de nos équipes chez un imprimeur que la réflexion s'est amorcée. Nous nous sommes aperçus qu'à chaque étape de la production, des économies de matière et d'énergie pouvaient être faites. Les équipes se sont soudées autour de ce projet. » Le résultat se nomme Cerço : une gamme de cinq vins commercialisés pour la première fois en 2022. Le nom évoque l'économie circulaire, et pas pour rien. Vignoble en conversion bio, bouteille allégée et consignée, bouchon origine France, absence de capsule de surbouchage, étiquette biosourcée, carton recyclé... La production a en effet été revue de A à Z, le tout à des prix eux aussi allégés. Côté style, cette gamme mise plutôt sur la fraîcheur et la spontanéité. Coup de cœur pour le saint-véran, très typique de son appellation, avec des arômes de fruits du verger juteux, une pointe d'onctuosité et une finale appétente. Comme quoi, la viticulture bourguignonne ne tourne pas en rond.

Vignerons des Terres Secrètes | 158 rue des Grandes-Vignes, 71960 Prissé | 03 85 37 64 89 | boutique@terres-secretes.fr | terres-secretes.com | Catégorie de prix : *

Terres Secrètes
CERÇO
SAINT-VÉRAN

105 Une vocation, deux familles

Les Cras, AOC Saint-Véran

Prenez une grande respiration, fermez les yeux, dégustez. Avec ses « sophro-dégustations », le domaine Deux Roches fait figure d'avant-gardiste en Bourgogne. Idem avec le Deux Roches'n roll, festival printanier qui mêle les univers de la guitare électrique et de la vigne. Aucun doute : voilà une exploitation viticole moderne et ouverte sur l'extérieur.

Pourtant, côté vins, la tradition a toute sa place. La propriété travaille avec soin des saint-véran parcellaires qui racontent à merveille leur terroir. Ainsi, Les Cras (déformation du mot « craies ») donne une belle idée des possibilités du chardonnay en terres calcaires. « Le sol est très mince, et en dessous on trouve de gros cailloux blancs », décrit Jean-Luc Terrier, copropriétaire. Ce qui explique ce toucher aérien, élégant, et cette longue finale saline, dignes des grands terroirs blancs. Mais la parcelle « bénéficie d'une belle exposition sud », d'où ces arômes de fruits bien mûrs, comme la pêche ou la mirabelle. Les autres saint-véran de Deux Roches ont aussi leur personnalité. « En contrebas des Cras, Les Terres Noires, riches en humus, donnent plus de corps et de gras. Et Les Pommards, à seulement 200 mètres à vol d'oiseau, sont plus argileuses, et produisent des blancs plus structurés. » Bienvenue en Bourgogne !

À la tête du domaine, deux familles liées par une histoire d'amitié… et d'amour. Christian Collovray et Jean-Luc Terrier, amis d'enfance, ont épousé deux sœurs, Brigitte et Florence, avant de créer en 1986 cette propriété qui a encore resserré les liens. Leurs fils, Julien Collovray et Pierre-Alexis Terrier, les ont rejoints et ont pris officiellement les rênes de ces 60 hectares. En parallèle, les deux familles exploitent les 110 hectares du domaine Altugnac, au pied des Pyrénées, dans les terroirs parmi les plus frais du Languedoc. Les chardonnays, pinots, sauvignons et merlots qu'ils produisent là-bas sont aussi à déguster au caveau bourguignon.

Domaine Deux Roches | La Cuette, 181 route de Mâcon, 71960 Davayé | 03 85 35 86 51 | info@collovrayterrier.com | deuxroches.com | Catégorie de prix : **

VIGNERONS
C&T
ET FAMILLES
GRAND VIN DE BOURGOGNE
SAINT-VÉRAN
LES CRAS
2021
DEUX ROCHES

106 Rencontre avec le pouilly-fuissé

Tête de Cuvée, AOC Pouilly-Fuissé

Quel est le goût du pouilly-fuissé ? Impossible à dire, car l'appellation phare du Mâconnais s'étire sur cinq villages et recouvre une diversité de géologies et d'expositions parmi les plus importantes de Bourgogne. Mais la Tête de Cuvée du château de Fuissé s'en approche peut-être. C'est tout l'objet de cet assemblage de plusieurs parcelles du cru : « Proposer à nos clients un produit typique et à qualité constante », résume Bénédicte Vincent, cogérante du domaine avec son frère Antoine.

En dégustation, on savoure en effet un chardonnay dans les canons de l'appellation, avec sa tension énergique, sa matière charnue et sa vraie minéralité, qui distille des accents salins en finale. Une valeur sûre, qui côtoie dans la gamme du château d'autres pouilly-fuissé, parcellaires cette fois, donc plus racés. Citons le 1er Cru Le Clos, le monopole du domaine, très profond et taillé pour un long séjour en cave, les 1ers Crus Les Brûlées, charnu et complexe, ou Les Combettes, plus vif et minéral. À goûter les yeux fermés : avec l'expérience de cinq générations et plus de 25 hectares dans l'appellation, le château est une référence locale.

La typicité va jusqu'aux fûts de chêne. « Nous en utilisons plus ou moins en fonction des terroirs. Quand c'est le cas, nous aimons nous fournir chez un tonnelier voisin, qui possède une méthode unique consistant à cintrer les fûts à l'eau bouillante, ce qui leur confère des qualités particulières », confie Antoine Vincent. Le domaine partage aussi son histoire : on peut visiter les lieux, une bâtisse datant des XVe et XVIIe siècles, dans le cadre d'une formule visite-dégustation. Bénédicte Vincent aime prendre le temps de faire goûter la gamme, dégustation qu'elle ponctue d'anecdotes sur l'histoire familiale. On savoure ses vins et ses mots dans l'impressionnante salle de dégustation du château, faite de tommettes, plafond à la française, chaises sculptées, chandeliers et tapisserie d'inspiration médiévale. Un moment hors du temps.

Château de Fuissé | 419 rue du Plan, 71960 Fuissé | 03 85 35 61 44 | domaine@chateau-fuisse.fr | chateau-fuissé.fr | Catégorie de prix : **

2020
CHÂTEAU-FUISSÉ
TÊTE DE CUVÉE
CHÂTEAU-FUISSÉ
Pouilly-Fuissé

107_Lies d'autel

Cuvée biologique Héritiers Auvigue,
1er Cru, AOC Pouilly-Fuissé

Il est rare d'entrer dans une église et d'y trouver des fûts de chardonnay. C'est l'expérience que vous vivrez au sein de la maison Auvigue, qui a installé cuverie et chai au cœur (voire au chœur) d'une petite église désacralisée, dans le village de Fuissé, en 2019. Cuves inox et fûts de chêne occupent cette nef de style roman complètement réhabilitée. Le décor a de quoi déconcerter. Mais, après réflexion, n'est-ce pas le lieu idéal ? Vin et christianisme sont liés depuis fort longtemps puisque les moines ont œuvré à l'identification des Climats de Bourgogne. Sans compter que vin et spiritualité sont tous deux affaires de temps long.

En tout cas, une atmosphère sereine se dégage de l'édifice. On la découvre sur réservation, accompagnée d'une dégustation des vins. Cette propriété à taille humaine se concentre sur les crus proches que sont le mâcon-solutré, le saint-véran et surtout le pouilly-fuissé, la spécialité maison. Le 1er Cru bio Héritiers, assemblage de trois parcelles, se distingue par son aromatique franche et complexe (on discerne bien souvent les agrumes et la vanille, mais aussi des touches de miel ou de poivre blanc), son fond crayeux et son énergie acidulée. « C'est l'avantage du bio : il contribue à maintenir la fraîcheur du vin d'un millésime à l'autre », assure Sylvain Brenas-Auvigue, dirigeant de la maison et arrière-petit-fils de son fondateur.

La famille, l'une des pionnières du parcellaire, tient aussi à vinifier quelques terroirs séparément. Parmi ceux-ci, La Frérie, une parcelle bien exposée au pied de la roche de Solutré, dont la maison extrait un blanc structuré par sa puissante minéralité saline, qui s'épanouit merveilleusement bien avec le temps. « Le potentiel de garde des pouilly-fuissé, notamment les grands terroirs, est un aspect trop méconnu, que nous essayons de mettre en avant », souligne Sylvain Brenas-Auvigue. C'est l'apanage des grands terroirs, élevés dans une église ou pas.

Maison Auvigue | 100 place Saint-Germain, 71960 Fuissé | 03 85 34 17 36 | contact@auvigue.fr | auvigue.fr | Catégorie de prix : **

AUVIGUE
Héritiers Auvigue
PROPRIÉTAIRES À SOLUTRÉ - 71960 FRANCE
POUILLY-FUISSÉ
Appellation d'Origine Protégée
VIN DE BOURGOGNE
VIN BIOLOGIQUE
RÉCOLTE
– 2019 –

108 Femmes visionnaires

Cuvée Hors Classe Tournant de Pouilly, 1er Cru, AOC Pouilly-Fuissé

Au domaine Ferret, les femmes font l'histoire. Dans les années 30, c'est Jeanne Ferret, née Lorton, qui lança la tradition en quittant son métier de mercière pour rejoindre son mari au domaine. « Madame Ferret avait un pur talent et était visionnaire. Elle a commencé à mettre en bouteilles au domaine en 1942, ce qui était rarissime à l'époque. Puis avec le temps, elle a dit : "c'est une bêtise que tous nos vins soient ensemble", et a commencé à envisager des cuvées parcellaires », esquisse Audrey Braccini, régisseuse de la propriété de 2008 à 2023.

Dès la fin des années 70, la vinificatrice poussa le raisonnement jusqu'à distinguer ses meilleures cuvées des mentions « Tête de Cru » et « Hors Classe ». « Elle venait d'anticiper les 1ers crus de 40 ans ! », admire Audrey Braccini, qui en connaît un rayon. C'est elle, des décennies plus tard, qui se bat aux côtés d'autres vignerons de Pouilly-Fuissé pour faire reconnaître les meilleurs terroirs de l'appellation. « Nous avons commencé en 2006 avec l'étude géologique d'un cabinet spécialisé. Leurs experts ont conclu que les terroirs de Pouilly-Fuissé étaient probablement les plus complexes de Bourgogne. »

La récompense n'est arrivée qu'à l'issue des vendanges 2020, quand l'Institut national de l'origine et de la qualité a validé le classement d'un quart de l'appellation en 1er Cru. Ce qui a confirmé, au passage, la justesse des intuitions de Jeanne Ferret : ses « Tête de Cru » et « Hors Classe » rentrent tous dans l'aire des 1ers crus actuels, notamment le Tournant de Pouilly, qui fait désormais partie du 1er Cru Les Reisses. C'est un chardonnay d'une incroyable pureté : ses accents iodés, très salivants, dominent, accompagnés de nuances raffinées de fleurs et de citrus, tout en fraîcheur et avec une persistance incroyable. On ne peut s'empêcher de penser à Chablis ou à Puligny. Un bon exemple du style maison, toujours ciselé et vertical, reconnu parmi les plus précis de l'appellation.

Domaine Ferret | 61 rue du Plan, 71960 Fuissé | 03 85 35 61 56 | jchatre@domaine-ferret.com | domaine-ferret.com | Catégorie de prix : ***

Cuvée Hors=Classe
VIN DE BOURGOGNE
Domaine J.A. Ferret
Fondé en 1840
Pouilly-Fuissé
"Tournant de Pouilly"
PREMIER CRU
2020
Mise en bouteilles au Domaine J.A. Ferret, à F 71960 Fuissé

109 Le sens du détail

Bois de la Croix, AOC Mâcon-Fuissé

Si l'on devait résumer le domaine Thibert en un mot, ce serait « précision ». La propriété familiale de Fuissé a pour particularité d'affiner son savoir-faire de génération en génération. Après Andrée et René, qui ont créé le domaine en 1967, Christophe et Sandrine ont pris le relai, s'appropriant la méthode familiale tout en y apportant leur écot. Ainsi, les élevages se sont allongés, les taux de sulfites ont baissé, les choix de futaille ont été peaufinés. Christophe a même commencé à piloter la mise en bouteille au sein du domaine, chose rare tant l'étape est complexe et cruciale.

Depuis 2018, le vigneron expérimente même la vinification et l'élevage sous verre, dans d'impressionnants globes cristallins. « C'est incroyable, cette matière nous permet de révéler les moindres détails d'un terroir, et de gagner encore en finesse. Mais avec un tel révélateur, le revers de la médaille est qu'on n'a plus le droit à l'erreur », confie Christophe Thibert. Ce faisant, les mâcons et pouilly-fuissé de la famille se distinguent par leur raffinement. Le style fait la part belle à la fraîcheur et à la tension plutôt qu'à la gourmandise, et travaille davantage la verticalité du vin (sa concentration et sa longueur en bouche) plutôt que son horizontalité (l'expression immédiate de ses arômes). En pareil cas, le potentiel de garde est excellent.

Bien qu'entrée de gamme, le mâcon-fuissé se distingue déjà par la précision de son fruit (fruits jaunes, mirabelle) et sa sapidité. Coup de cœur également pour l'épuré saint-véran Champ Rond, aux accents d'agrumes et de craie. Voilà un style très abouti, mais encore appelé à évoluer. Camille, fille de Christophe, apporte maintenant sa pierre à l'édifice et travaille pour sa part sur les pratiques agronomiques de cette propriété afin d'y développer l'agroforesterie. Une méthode qui doit aider à faire face aux aléas climatiques, et amener encore davantage de fraîcheur et de complexité aux vins. Bref, plus de précision.

Domaine Thibert | 20 rue Adrien-Arcelin, 71960 Fuissé | 03 85 27 02 66 | info@domaine-thibert.com | domaine-thibert.com | Catégorie de prix : **

THIBERT
2019
2019
BOIS DE LA CROIX
MÂCON-FUISSÉ
13 800 BOUTEILLES
DOMAINE
THIBERT

110_Natures en tous points

Fleur d'Aligoté, Vin de France mousseux

Dans la catégorie des bulles de Bourgogne, on trouve peu d'équivalents au domaine de Céline et Laurent Tripoz. D'abord parce qu'ils élaborent eux-mêmes leurs crémants, chose plutôt rare pour une petite exploitation. Ensuite parce que leur production se passe pratiquement de sulfites, autre choix peu commun. Et enfin parce que l'une de leurs cuvées contient 100 % d'aligoté, ce discret concurrent du chardonnay. C'est le Fleur d'Aligoté, qui ne peut prétendre à l'appellation Crémant de Bourgogne et qui est donc un « Vin de France mousseux ».

Qu'importe ! Sa trame ciselée, sa tension et sa précision aromatique en font un modèle de finesse. L'idéal pour mettre en appétit, ce qui reste la vocation n°1 de la bulle. On verrait bien cette « fleur » sur des fromages bourguignons également. La vivacité de ce non-dosé tranchera avec la bonhommie d'un brillat-savarin, ses nuances florales accompagneront la délicate texture d'un chèvre affiné du Mâconnais. Dans la gamme effervescente du couple, on se régale aussi avec le Crémant nature, un 100 % chardonnay qui, comme son nom l'indique, se passe totalement de sulfites. Une cuvée de plaisir dans laquelle le fruit s'exprime généreusement, de l'attaque à la finale. On grimpe d'un échelon dans la complexité avec le Crémant prestige, vrai crémant de gastronomie qui allie complexité et longueur, et dont le potentiel de garde impressionne. Bon à savoir : le magnum leur sied à merveille.

La gamme compte également quelques jolis vins tranquilles. Un ensemble construit ex nihilo par les Tripoz, qui sont partis de zéro et ont fait, en 2001, le choix de l'exigeante (et parfois clivante) biodynamie. Mais sans le moindre dogme : « L'idée est d'abord de faire de bons vins. Les labels, c'est un plus », assume Laurent, qui poursuit avec succès cette deuxième carrière. « Je m'étais d'abord formé dans l'ébénisterie, mais j'avais besoin d'extérieur », se souvient-il. L'amour des belles matières premières, lui, est resté.

Céline et Laurent Tripoz | 1073 chemin des Boutats, 71000 Mâcon | 03 85 35 66 09 | tripoz@tripoz.fr | tripoz.fr | Catégorie de prix : *

Fleur d'Aligoté
CÉLINE & LAURENT TRIPOZ
VIGNERONS RÉCOLTANTS
LOCHÉ MACON (71) FRANCE

111 Frères visionnaires

Les Quarts, AOC Pouilly-Vinzelles

Une page suffit difficilement à décrire le domaine de la Soufrandière et son alter ego, le négoce Bret Brothers. L'ensemble est mené avec brio par Jean-Guillaume et Jean-Philippe Bret, sur leur propriété de Vinzelles. Quand, en 2000, ils sont arrivés de Paris pour reprendre la vigne de leur grand-père, les frères ont forcément suscités quelques interrogations chez les voisins vignerons. Ces derniers ont même cru rêver quand « Jean-Phi » et « Jean-Gui » ont fait, d'emblée, le choix du bio puis de la biodynamie, dont on parlait encore peu à l'époque. On les a pris pour des farfelus. « Comme on désherbait les vignes à la main pour éviter les produits chimiques, on nous appelait les piocheurs », s'amuse Jean-Philippe, pas rancunier. Aujourd'hui, il peut en rire : le domaine est devenu un incontournable, portant haut les couleurs du Mâconnais, en France comme à l'étranger. Un succès qu'il explique d'abord par les soins apportés à la vigne. « Après des stages et des dégustations chez des vignerons en biodynamie, nous avons compris que le respect du vivant était essentiel pour produire de bons vins. On n'utilise qu'une quantité minime de traitements, même bio, et on laboure avec de vieux tracteurs, très légers, qui évitent le tassement des sols. »

En cave, même démarche : les levures sont indigènes, les fûts patinés (pour que le bois ne marque pas trop), les élevages longs et les sulfitages extrêmement restreints. Tout cela concourt à la fraîcheur et à la spontanéité des nectars du domaine. Comme dans ce pouilly-vinzelles Les Quarts, fleuron des Bret : un blanc digeste, salin, salivant, aux senteurs de fruits du verger et d'agrumes, avec quelques nuances de menthe, le tout suivant une trame verticale, vibrante. On pourra le garder jusqu'à 10 ans. Citons aussi le mâcon-chardonnay, moins profond mais plus gourmand, et, en rouge, le saint-amour : un vrai jus de fruits rouges. On comprend pourquoi les grands restaurants locaux aiment mettre les Bret Brothers à la carte.

Domaine de la Soufrandière | 125 rue aux Bourgeois, 71680 Vinzelles | 03 85 35 67 72 | contact@bretbrothers.com | bretbrothers.com | Catégorie de prix : **

2021
2021
La Soufrandière
GRAND VIN DE BOURGOGNE
POUILLY-VINZELLES
Appellation Pouilly-Vinzelles Contrôlée
CLIMAT « LES QUARTS »
Récolté à la main, Vinifié par EARL La Soufrandière
Élevé et Mis en bouteilles par BRET BROTHERS S.A.R.L 71680 Vinzelles - France
12,5% vol.
750 ml
PRODUIT DE FRANCE - PRODUCT OF FRANCE

Pierre Thomas
111 Vins suisses
à ne pas manquer
ISBN 978-3-7408-1291-1

Bernd Imgrund
111 Whiskies
à ne pas manquer
ISBN 978-3-7408-1344-4

Jens Dreisbach
111 Gins
à ne pas manquer
ISBN 978-3-7408-1597-4

Chloé Cazaux Grandpierre
111 Sakés
à ne pas manquer
ISBN 978-3-7408-1689-6

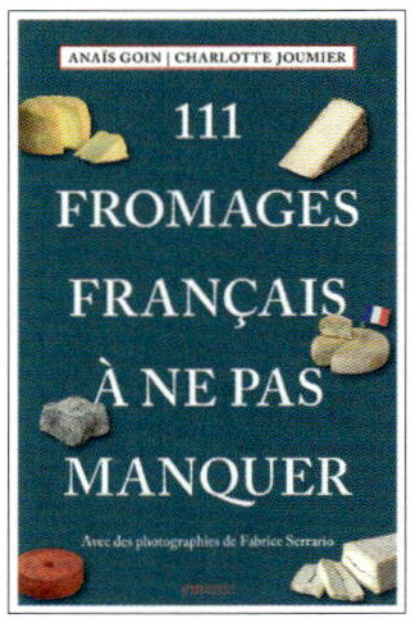

Anaïs Goin, Charlotte Joumier
111 Fromages français
à ne pas manquer
ISBN 978-3-7408-1898-2

Noëmie Lacarelle
111 Lieux en Bourgogne
à ne pas manquer
ISBN 978-3-7408-1708-4

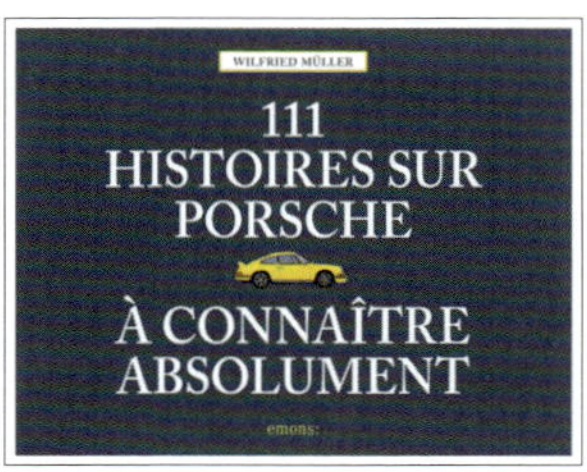

Wilfried Müller
111 histoires sur Porsche
à connaître absolument
ISBN 978-3-7408-0701-6

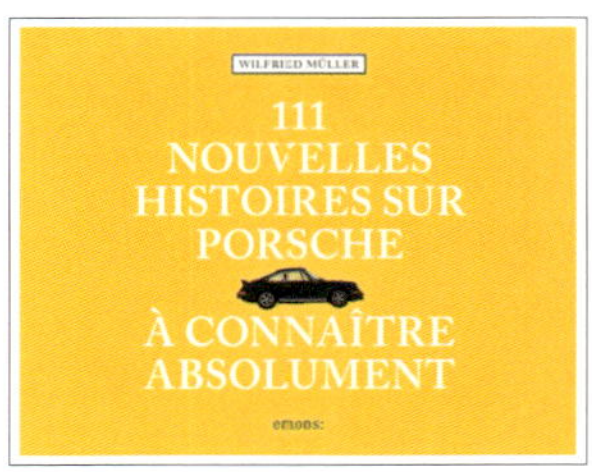

Wilfried Müller
111 nouvelles Histoires sur Porsche
à connaître absolument
ISBN 978-3-7408-1289-8

Cécile Amarger, Lucie Mauffrey
111 Lieux en Franche-Comté
à ne pas manquer
ISBN 978-3-7408-1053-5

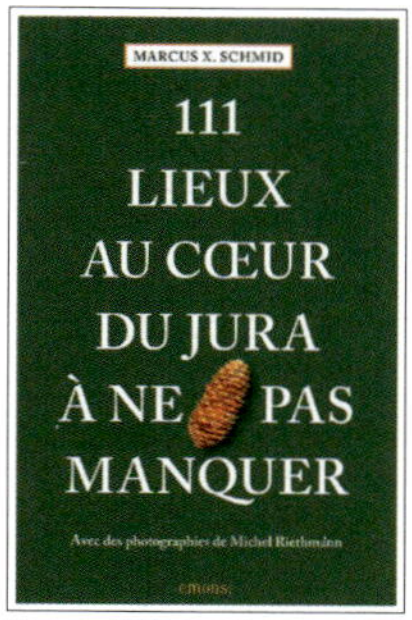

Marcus X Schmid
111 Lieux au cœur du Jura
à ne pas manquer
ISBN 978-3-7408-1767-1

Sophie Nicolas
111 Lieux en Alsace
à ne pas manquer
ISBN 978-3-7408-0698-9

Thibaut Bernardin
111 Lieux à Strasbourg
à ne pas manquer
ISBN 978-3-7408-1022-1

Jérôme Derèze
111 Lieux en Lorraine
à ne pas manquer
ISBN 978-3-7408-1410-6

Isabelle Debuchy
111 Lieux à Nancy
à ne pas manquer
ISBN 978-3-7408-1417-5

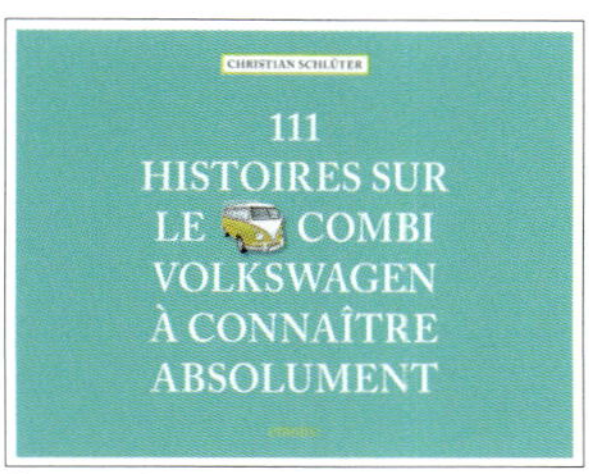

Christian Schlüter
111 histoires sur le Combi Volkswagen
a connaître absolument
ISBN 978-3-7408-0820-4

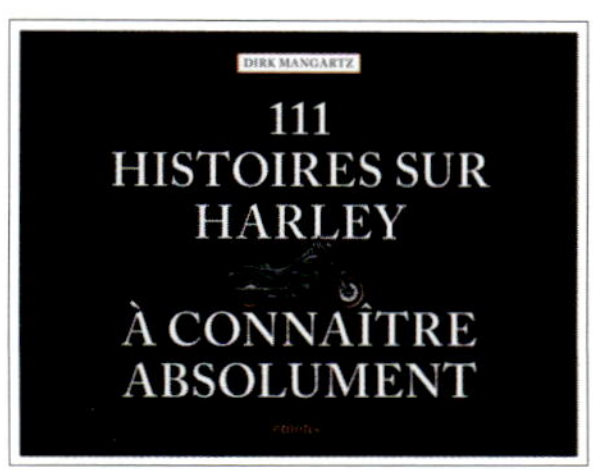

Dirk Mangartz
111 histoires sur Harley
à connaître absolument
ISBN 978-3-7408-0941-6

Clément L'hôte est journaliste. Spécialisé dans les vins de Bourgogne, il suit l'actualité de cette filière pour plusieurs médias, notamment le magazine *Bourgogne Aujourd'hui* et le site *Vitisphere*. De Chablis à Mâcon, en passant par Nuits et Beaune, il parcourt inlassablement ce vignoble pour comprendre et savourer ses nuances.

Tobias Fassbinder est un photographe professionnel qui vit selon le proverbe « Fais ce qu'il te plaît ». Ce Colonais d'origine s'est lancé en 2009 dans une carrière de photographe pour les médias et la publicité. Il profite aujourd'hui de sa nouvelle vie, capturant le monde avec son appareil (www.tobias-fassbinder.com).